第3版

経理・財務スキル検定

経理・財務スキル検定™
FASS
Finance & Accounting Skill Standard

FASS スピード問題集

TAC FASS研究会

TAC出版
TAC PUBLISHING Group

はじめに

本書は、経理・財務スキル検定（以下、FASS）におけるスコアアップ（レベルB以上）を目的としています。

経理・財務のスキルはビジネスパーソンにとって不可欠なものとなっています。会計や税務の専門的な資格はあるものの、その能力を測る一般的な尺度は多くありません。その中で、資産、決算、税務、資金という4つのカテゴリーで、経理・財務の基本的な業務を俯瞰できるFASSは有用な尺度といえます。出題内容は、広範囲ながらも業務プロセスを中心とし、原理原則の規定に基づいたものとなっており、ひとつひとつの基礎力の修得が、ビジネスパーソンとしての地力を高めることになります。

近年、会計制度や税法の改正も目まぐるしく、矢継ぎ早の対応に迫られています。その場面で必要とされるのは、専門家に委ねざるを得ない高度な知識よりも、その前段階の一般的な素養であるといえます。実務の最前線で奮闘し、経験値を積み重ねることの重要性は否定できませんが、一方で、業務として携わることのない領域を補完することで、全体的なレベルを引き上げることは企業のニーズにマッチしたものであり、FASSの目的とするものであるといえます。

本書の構成は、4つのカテゴリーを、さらに業務ごとに区分したうえで問題を設定していますので、取り掛かりやすい内容から演習することをお勧めします。また、初学者の方でも学習しやすいように解説を充実させています。難解な項目は、解説と照し合わせて正しい内容をインプットすることから始めるのも一考です。

FASSの定期的な受験によって、継続的な知識のリニューアルを測っていくことをお勧めします。本書を読者の皆様の経理・財務のスキルアップのためにご活用いただければ幸いです。

TAC FASS研究会

● 経理・財務スキル検定（FASS）とは？

経理・財務スキル検定（以下、FASS）は、「経済産業省平成16年度高度専門人材育成事業」の一環として、日本CFO協会が同省からの委託を受けて行った「経理・財務スキル検定プログラム開発プロジェクト」の成果に基づき実施・運営されている検定です。

● 対象者

経理・財務部門の定型的実務に従事されている方、これから経理・財務部門に従事しようとしている方。

● FASSによって何が測定されるか？

FASSは、受験者が持っている経理・財務分野の「実務知識」を、資産・決算・税務・資金の4つに区分して「客観的に」測定する試験です。ここで「実務知識」とは、「原理・原則を法令・規則等に従って適切に運用するために必要な知識」、また「客観的に」とは、「同じ知識レベルを持っている人であれば、どの回の試験を受けても同じ結果が出るように」ということです。FASS試験結果は、合格・不合格ではなくTOEICテストなどと同様に統計的な処理を行ったスコアと5段階のレベルで示されます。なお、スコアを8で割った値が、おおよその正答率（%）となります。

● 試験結果の評価区分

レベル	スコア	評　価
A	689～800点	経理・財務分野について、業務全体を正確に理解し、自信を持って経理・財務部門の業務を遂行できるスキルをもっている。
B	641～688点	経理・財務分野のほとんどの業務を理解し、業務を遂行できるスキルをもっている。分野によって知識の正確さに個人差があるものの、業務を妨げるようなことはなく、適切に対応できるスキルをもっている。
C	561～640点	経理・財務分野について、日常の業務を行うための基本的なスキルが身についているが、自己の経験以外の業務への対応力について差が見られる。日常の業務であれば、業務を理解して、支障なく対応できるスキルをもっている。
D	441～560点	分野によって、知識の正確性に差があり、不十分な部分が多いが、支援を受けながら、最低限の業務を行うスキルをもっている。
E	0～440点	経理・財務分野について、部分的にしか理解できていない、今後の努力を期待する。

FASSの特長

1）経理・財務の実務における「一般常識」が問われる試験

FASSで出題される問題は、経理・財務の各分野において豊富な実務経験を持つFASS運営委員が、「実務家であれば知っていて当然」と判断した知識を問う問題がほとんどです。つまりFASSで問われるのは、経理・財務の実務における「一般常識」であり、高度な専門知識ではありません。

2）知識の有無がストレートに点数に反映される試験

FASSは、法令・規則等を中心とした実務知識を知っているか否かをストレートに問う問題で構成されており、複雑な計算問題や引っ掛けを狙ったような問題は一切出題されません。したがって、例えば「知っているのに計算ミスで間違えた」あるいは「設問が難解だったために間違えた」というような形で失点することはほとんどありません。

3）同じ能力であれば何度受験しても同じスコアになる試験

FASSは、TOEICテストに代表される米国流のインストラクショナル・デザインの考え方に基づき設計されていますので、同じ能力であれば何回受験しても同じスコアが出るしくみになっています。またこのことは、異なる回に受験した社員間のスコアがそのまま比較可能であることを意味しています。

FASSの出題傾向

FASSの問題は、経理・財務業務を「資産」、「決算」、「税務」、「資金」の4つに区分して出題されますが、これは「業務プロセス」を軸にした区分である点に注意してください。例えば、「資産」や「決算」分野で問われるのは、単に「資産」勘定あるいは「決算」手順に関する知識のみならず、「資産」（管理）業務あるいは「決算」業務を行う上で必要な知識ですので会計知識はもとより法人税法、会社法、金融商品取引法なども学習対象となります。また、「税務」分野には、法人税法、消費税法のみならず税効果会計、連結会計といった会計知識が不可欠ですし、「資金」分野でも、社債会計、金融商品会計、あるいはヘッジ会計、外貨建取引の問題が出題されます。

（1）資産分野

資産分野では、売掛債権管理、買掛債務管理、在庫管理、固定資産管理およびソフトウェア管理の5つの業務プロセスに関する問題が出題されます。バランスシート的に見れば、運転資本項目および投資その他の資産を除く有形・無形固定資産が出題範囲ということになります。

基本的には会計知識を問う問題が中心ですが、法人税法の知識も不可欠です。例えば、減価償却の問題では、少額減価償却資産、一括減価償却資産等についての知識を前提とした問題が出題されますし、税制改正の内容も反映されます。

(2) 決算分野

決算では、月次業績管理、単体決算業務、連結決算業務、および外部開示業務の４つの業務プロセスに関する問題が出題されます。

この分野も会計知識が中心となりますが、会社法および金融商品取引法（および政令・省令）についての知識が前提になりますので、関連の入門書を一読しておくとよいでしょう。また頻出箇所は、決算整理事項（特に経過勘定、引当金）、会社法上の決算手続、連結の範囲、連結修正消去仕訳、決算短信・有価証券報告書に関する開示ルールなどになります。

(3) 税務分野

税務分野では、税効果計算業務、消費税申告業務、法人税申告業務、グループ通算申告業務、および税務調査対応の５つの業務プロセスに関する問題が出題されます。

基本的には、税務申告、法人税法および消費税法に関する出題が中心ですが、税効果会計やグループ通算制度等の知識も必要となります。

(4) 資金分野

資金分野では、現金出納管理、有価証券管理、債務保証管理、貸付金管理、借入金管理、社債管理、デリバティブ管理、外貨建取引管理、資金管理等といった業務プロセスに関する問題が出題されます。バランスシート的に見れば、投資その他の資産、固定負債そして純資産が主な出題範囲ということになります。

資金分野は、FASS出題比率が高い重要分野です。経理の実務経験がある方は資産・決算・税務分野については馴染みがあるはずですから、FASSのスコア対策という意味では資金分野に最も力を入れるべきでしょう。ただし、有価証券、社債、デリバティブ、外貨建取引などでは会計知識も問われますので、新たに学習が必要な領域は思ったほど多くはないはずです。

● 試験概要

試験実施期間	二期制受験となります。次の受験期間中、いつでも受験できます（祝日・年末年始除く）。 上期：５月１日～７月31日 下期：11月１日～１月31日
再受験規定	同一受験期間内で再受験することはできません。この規定に違反した場合試験結果は無効となりますのでご注意ください。 また、その場合は一切の受験料払い戻しは行われません。 （例）2024年度上期に受験された場合、再受験ができるのは2024年度下期以降となります。
問題数	「FASS」試験本体…上記の出題範囲から合計で100問（四肢択一）
試験時間	「FASS」試験本体90分
試験結果	「FASS」試験本体…合否ではなく総合点から５段階のレベルでスキル評価し、分野毎の達成度合いも表示します。 ※なお、試験結果は試験終了後、試験会場にてお渡しします。
受験方法	試験は全国にある試験センターでコンピューターでの受験となります。受験申込から試験実施まで試験運営会社のCBT-Solutions社が運営を行います。 ※受験チケット（バウチャー）の販売期間は各期それぞれ以下のとおりとなります。 上期：２月１日～７月28日 下期：８月１日～１月28日
受験料	一般￥10,000（税抜）／日本CFO協会会員￥8,000（税抜） ※日本CFO協会会員には団体受験による割引があります。詳しくは日本CFO協会ホームページにてご確認ください。

● 過去累計結果（2023年３月末現在）

総受験者数	76,144人
最高点	800点
最低点	10点
平均点	583点

レベルA	レベルB	レベルC	レベルD	レベルE
16.0％	16.1％	28.8％	28.0％	11.1％

目次

	問題	解答・解説
第1章 資産分野		
売掛債権管理	2	24
買掛債務管理	8	29
在庫管理	12	32
固定資産管理	16	36
ソフトウェア管理	21	41
第2章 決算分野		
月次業績管理	44	58
単体決算業務	46	60
連結決算業務	51	64
外部開示業務	54	69
第3章 税務分野		
税効果計算業務	72	88
消費税申告業務	74	89
電子帳簿保存法	79	94
法人税申告業務	79	95
グループ通算申告業務	84	98
税務調査対応	86	100
第4章 資金管理		
現金出納管理	104	128
手形管理	106	130
有価証券管理	109	132
債務保証管理	112	135
貸付金管理	115	137
借入金管理	117	138
社債管理	118	140
デリバティブ取引管理	121	141
外貨建取引管理	123	143
資金管理	125	146

第1章

資産分野

問　題

売掛債権管理

問題１　与信管理業務において取引先企業の信用を検証するときに取り上げられる定性的データに関する項目で適切でないものはどれか。

a　信用調査機関による評価結果
b　契約時の債務支払条件
c　自己資本利益率
d　会社の資本構成

問題２　与信限度額を総合指数法で設定する場合、取引先の評点を決める項目として適切なものはどれか。

A　業歴
B　経営者・幹部資質
C　売上高営業利益率
D　データ公表度

a　A、C
b　C、D
c　A、C、D
d　A、B、C、D

問題３　担保の説明に関する記述で適切なものはどれか。

A　物的担保には留置権、先取特権、質権、抵当権がある。
B　人的担保には保証債務、連帯保証、連帯債務、債務引受がある。

a　Aのみ
b　Bのみ
c　A、B
d　A、Bいずれも正しくない

問題４　与信限度額に関する記述で適切でないものはどれか。

a　与信管理のためには、最低３ヵ月ごとに各取引先の販売額が与信限度額をオーバーしていないか監視する必要がある。

b　与信限度額の設定方法については、販売目標設定法、月商の１割法等さまざまな方法があるが、実情に合わせて組み合わせるのが望ましい。

c　与信限度額は、得意先の状況如何により柔軟に設定するものである。

d　与信限度額は、得意先ごとの経営状態における支払能力に応じて定めた売上債権残高の最高額のことである。

問題５　取引契約内容の検証に関する記述で適切なものはどれか。

Ａ　法的に問題ないか

Ｂ　社内規定に反していないか

Ｃ　行政官庁への許認可・届出は必要ないか

a　Ａ

b　Ａ及びＢ

c　Ａ及びＣ

d　Ａ、Ｂ、Ｃの全て

問題６　継続的な取引契約におけるチェック体制に関する記述で適切でないものはどれか。

a　信用調査機関による調査

b　債権残高状況のチェック

c　与信限度額の定期的な見直し

d　承認権限者による承認実施

問題７　クレジットカードにより売り上げた場合の会計処理について適切なものはどれか。

a　クレジットカードにより売り上げた場合、信販会社から代金の入金があった時点で収益を計上する。

b　クレジットカードによる売上で発生した債権は、信販会社に対する債権として「クレジット売掛金」で処理をする。

c　クレジットカードによる売上で発生した債権は、買い手に対する債権として「売掛金」で処理する。

d　クレジットカードによる売上で発生した債権は、買い手が信販会社に代金を支払った時点で、回収の処理をする。

問題8　クレジットカードにより売り上げた場合のクレジット手数料の処理について適切でないものはどれか。

a　クレジット手数料は、商品販売時に計上する。

b　クレジット手数料は、代金回収時に計上する。

c　クレジット手数料の消費税の取り扱いは、非課税となる。

d　クレジット手数料の消費税の取り扱いは、課税となる。

問題9　債権分類に関する記述で適切でないものはどれか。

a　一般債権

b　貸倒懸念債権

c　破産更生債権等

d　不良債権

問題10　得意先（売掛金）元帳に関する記述で適切なものはどれか。

a　得意先ごとに売掛金の増減の経過と結果を明らかにする帳簿

b　得意先への請求が遅滞なく行われているかを管理する帳簿

c　売掛金の未回収の発生原因を明らかにする帳簿

d　売掛金全部の増減と残高を把握するための帳簿

問題11　債権残高確認に関する解説で（　）内に入る語句の組み合わせで適切なものはどれか。

「得意先に当社の売掛金等の債権の（ A ）で知らせて確認し、先方の（ B ）と合致するかどうか、また差異があれば（ C ）すること。」

a　A　帳簿残高を文書　　B　債権残高　　C　差額を調整

b　A　帳簿残高を電話　　B　債権残高　　C　その原因を調査

c　A　帳簿残高を文書　　B　帳簿残高　　C　その原因を調査

d　A　帳簿残高を電話　　B　帳簿残高　　C　差額を調整

問題12　滞留債権発生の事後的対応策に関する次の組み合わせのうち、最も適切なものはどれか。

Ⅰ　与信管理の強化

Ⅱ　基本契約書作成

Ⅲ　債権保全措置の実行

Ⅳ　連帯保証人設置

a　ⅠとⅣ
b　ⅠとⅢ
c　ⅡとⅢ
d　ⅡとⅣ

問題13　貸倒見積高の算定方法に関する記述で適切でないものはどれか。

a　一般債権については、過去の貸倒実績率等合理的な基準により見積る。
b　貸倒懸念債権については、債権の元本及び将来受け取り予定の利息の合計額と債権の帳簿価額との差額を貸倒見積高とする。
c　貸倒懸念債権については、債権額から担保の処分見込額及び保証による回収見込額を減額し、その残額について貸倒見積高を算定する。
d　破産更生債権等については、債権額から担保の処分見込額及び保証による回収見込額を減額し、その残額を貸倒見積高とする。

問題14　以下の資料のもとで、貸倒懸念債権の貸倒見積高を財務内容評価法で算定した場合の貸倒見積高はいくらになるか。ただし取引先の支払能力を把握する資料が十分でないため、簡便的な方法で算定する。

（資料）
貸倒懸念債権額：4,000万円
担保処分見込額：200万円
保証回収見込額：300万円

a　1,750万円
b　1,850万円
c　1,900万円
d　3,500万円

問題15　以下の資料のもとで、破産更生債権等の貸倒見積高を財務内容評価法で算定する場合の貸倒見積高はいくらになるか。

（資料）
破産更生債権等の総額：4,000万円
担保処分見込額：200万円
保証回収見込額：300万円

a　4,000万円
b　3,500万円
c　3,700万円
d　3,800万円

問題16　収益認識に関する会計基準の基本となる原則について、収益を認識するための正しい手順はどれか。

Ａ　履行義務の識別
Ｂ　履行義務の充足による収益の認識
Ｃ　顧客との契約の識別
Ｄ　取引価格の個別履行義務への配分
Ｅ　取引価格の算定

a　Ｃ→Ａ→Ｅ→Ｄ→Ｂ
b　Ａ→Ｃ→Ｅ→Ｄ→Ｂ
c　Ｃ→Ｅ→Ｄ→Ａ→Ｂ
d　Ａ→Ｅ→Ｄ→Ｃ→Ｂ

問題17　収益認識に関する会計基準における「履行義務」についての記述で適切なものはどれか。

Ａ　顧客との契約において、別個の財又はサービスを顧客に移転する約束をいう。
Ｂ　顧客との契約において、一連の別個の財又はサービスを顧客に移転する約束をいう。

a　Ａのみ
b　Ｂのみ
c　Ａ、Ｂ
d　Ａ、Ｂいずれも正しくない

問題18　売掛金管理における滞留債権対応のリスクに関する記述で適切でないものはどれか。

a　滞留債権に関する社内周知が遅れ、当該取引先への販売が継続される。
b　滞留債権の債権区分への分類と回収可能見積額を誤り、適正な貸倒引当金が計上されない。

c　契約で定められた金額とは異なる割戻しが実施される。
d　貸倒引当金伝票の計上額を誤る。

問題19　「数量・単価の確認を誤り、売上の計上額を誤る」というリスクに対するコントロールに関する記述で適切なものはどれか。

a　出荷票や検収確認書等の売上証憑書類と売上伝票を突合し金額を確認する。
b　顧客管理台帳と請求書を突合し確認する。
c　入金明細及び債権残高明細と会計帳簿を突合し、計上に漏れがないことを確認する。
d　契約書における単価について、最終見積価格と乖離していないことを確認する。

問題20　収益認識に関する会計基準における顧客との契約の識別に対して必要な要件として適切なものはどれか。

A　当事者が書面・口頭・取引慣行等により契約を承認し、それぞれの義務の履行を約束していること。
B　移転される財又はサービスに関する各当事者の権利を識別できること。
C　移転される財又はサービスの支払条件を識別できること。
D　契約に経済的実質があること。
E　顧客に移転する財又はサービスと交換に企業が権利を得ることとなる対価を回収する可能性が高いこと。

a　A、B、D
b　A、C、D
c　B、C、D、E
d　A、B、C、D、E

問題21　収益認識に関する会計基準における「顧客」の定義として適切なものはどれか。

a　対価と交換に企業の通常の営業活動により生じたアウトプットである財又はサービスを得るために当該企業と契約した当事者
b　自社の商品やサービス等を販売した個人または法人
c　自社の商品やサービス等を購入、利用する意思、見込みのある人
d　提携業務に基づく共同研究開発に参加するために企業と契約を提携する相

手

問題22　以下の資料のもとで、収益認識に関する会計基準を適用した場合の当年度の収益はいくらか。

（資料）
商品の販売と保守サービス（３年間）を提供する１つの契約を締結
商品の引渡し：200,000円
保守サービス：60,000円（当期首から翌々期末までの３年間）

a　0円
b　200,000円
c　220,000円
d　260,000円

問題23　収益認識に関する会計基準において、同一の顧客と同時に締結した複数の契約について、当該複数の契約を結合し、単一の契約とみなして処理できる条件はどれか。

A　当該複数の契約が同一の商業的目的を有するものとして交渉されたこと。
B　１つの契約において支払われる対価の額が、他の契約の価格又は履行により影響を受けること。
C　当該複数の契約において約束した財又はサービスが、履行義務の識別に従うと単一の履行義務となること。

a　Ａのみ
b　Ｃのみ
c　Ａ又はＣ
d　Ａ又はＢ又はＣ

買掛債務管理

問題１　下請代金支払遅延等防止法に関する解説で（　）内に入る語句の組み合わせとして最も適切なものはどれか。

「親事業者と下請事業者の（ Ａ ）な取引を目指し、立場の弱い下請事業者の利益を害することを防止するために、（ Ｂ ）の特別法として制定されている。」

a　A　公正　　　　B　景表法
b　A　合理的　　　B　消費者契約法
c　A　合理的　　　B　会社法
d　A　公正　　　　B　独占禁止法

問題2　新たに企業と継続的な購入契約を締結する際に、交渉すべき内容として適切でないものはどれか。

a　費用の負担や取引場所等の取引条件
b　取引先が作成した契約内容に従う
c　契約解除の条件
d　損害賠償の方法

問題3　下請代金支払遅延等防止法における親事業者の禁止事項に関する記述で適切でないものはどれか。

a　注文品などを受け取った日から支払期日（最長90日）までに、その代金を支払わないこと。
b　注文したあと自分の都合でその代金を減額して支払うこと。
c　有償で支給した原材料等の対価を、下請代金の支払期日より早い時期に支払わせること。
d　一般の金融機関で割引を受けることが困難であると認められる手形を交付すること。

問題4　商品や原材料の仕入を計上する一般的な基準として適切なものはどれか。

a　入荷基準
b　検収基準
c　引渡基準
d　出荷基準

問題5　仕入の計上基準として入荷基準を採用している場合において、気を付けなければならないこととして適切なものはどれか。

a　商品の価格が類似品の価格又は市価に比べて、著しく低い額を不当に定めていないどうか。
b　発注書を作成する前に、購入伺書などの決裁書を作成したかどうか。
c　納品された商品について品質チェックを行ったかどうか。

d　入荷処理をした後に不良品が見つかった場合、入荷の取り消し処理が行われているかどうか。

問題6　商品の仕入計上を検収基準で行っている場合の記述で適切でないものはどれか。

a　商品の到着後、発注内容と同じかどうかの検収を行った旨を取引相手に伝え、先方からの請求書が届いたことを確認した上で仕入及び買掛金を計上した。

b　商品の検収を明確にするために会社独自の検収基準を設け、それに基づいて行っている。

c　商品の所有に関する重要なリスクと経済価値の移転という観点からすると、単に商品が届いたことをもって仕入れ計上するべきではない。

d　発注内容と納品物が一致しているかどうかは納品の担当者が行うが、納品書にはその上司の確認印も押印し責任の所在を明らかにした方がよい。

問題7　仕入割戻の説明として最も適切なものはどれか。

a　仕入商品が破損していたり、不良品の場合に代金から控除すること

b　仕入計上した商品が品質不良や品違いの場合にその商品を返戻すること

c　ある一定の期間に特定の取引先から大量に仕入を行った場合に仕入高や数量を基準に受取る報奨金のこと

d　代金支払期日前の支払に対して、仕入先から受ける買掛金の一部免除のこと

問題8　領収書の管理に関する記述で適切でないものはどれか。

a　仕入先からの領収書は、日付順等により整理・保管する。

b　領収書の金額が訂正された場合には、訂正印を押印のうえ保管する。

c　領収書を受け取る際には、不正・誤謬の発生を防止するため、仕入先からの領収書用の印影を印鑑証明等であらかじめ入手しておき、当該領収書の印影と照合する。

d　原則として、総合振込み・相殺等により領収書が発行されない場合を除き、領収書は必ず入手する。

問題9　購買部門、会計部門、出納部門の３つに組織が区分されている場合、会計部門にとって買掛金支払いにおける留意事項に関する記述で適切でないものはどれか。

a　請求書及び支払依頼書を仕入先元帳と照合する。

b　支払日をもって仕入先別元帳に記帳する。

c　支払対象取引金額の消し込みを行う。

d　責任者の承認を受けて、支払いを実行する。

問題10　滞留買掛金の管理に関する記述で適切でないものはどれか。

a　買掛金は年齢調べを行い、長期滞留の調査を行う。

b　長期未払いの原因には、支払不要、係争、記帳誤りの場合等がある。

c　１年以上滞留した買掛金は、直ちに雑益又は雑収入に振り替え消し込みを行う。

d　買掛金の滞留の発生原因を明確にしたうえで適切な処理を行う。

問題11　決済期日別に債務残高を管理するメリットに関する記述で適切でないものはどれか。

a　二重支払いを防止することができる。

b　支払いが遅れるのを防止することができる。

c　支払いの取り消しなどのトラブルを防止することができる。

d　資金管理に役立つ。

問題12　期日別債務残高管理を行う上で、手続きの手順を正しく示しているものはどれか。

A　支払金額について資金調達管理を行う部門に報告する。

B　支払う上で問題がないか検証する。

C　買掛金を期日別に整理する。

a　B→A→C

b　B→C→A

c　C→B→A

d　C→A→B

問題13　仕入先別元帳に関する記述で適切なものはどれか。

a　仕入れの値引きや割戻しが行われた場合は、毎月一定時期にまとめて買掛債務を修正する。

b　取引先が少ない場合は買掛金勘定で残高を把握できるので、事務手続きのコストを削減するために仕入先別元帳の作成は省略すべきである。

c　仕入先別元帳の合計額と総勘定元帳の買掛金残高は必ず一致する性質なので、仕入先別元帳を適正に記録していたなら買掛金残高との金額のチェックは省略してもよい。

d　仕入先別元帳に「赤残債務（借方残高）」が発見された場合は、直ちに原因を調査する。

問題14　買掛債務管理における仕入れのリスクに関する記述で適切でないものはどれか。

a　契約とは異なった入荷を受け入れる。

b　仕入または買掛金の計上日を誤る。

c　架空の仕入または買掛金が計上される。

d　架空の契約・発注が行われる。

問題15　「期日到来の確認を誤り早期支払いをすることで会社の資金繰りを悪化させる」というリスクに対するコントロールに関する記述で適切なものはどれか。

a　担当者は、期日到来予定一覧により支払いを実行する。

b　期日別残高管理と請求書を突合し、適切な支払日となることを確認する。

c　契約書・請求書と期日別残高管理台帳を突合し、支払期日が正しく記載されていることを確認する。

d　仕入先別管理台帳と会計帳簿を突合し、計上に漏れがないことを確認する。

在庫管理

問題１　実地棚卸に関する記述で適切なものはどれか。

a　実地棚卸を公正かつ正確に行うため、各部署を区分し、状況に精通した人員のみで実施する。

b　棚卸票には、品目ごとに区分し、分散して保管しているものでも同一票にまとめて記入する。

c　実地棚卸の結果、回収された棚卸原票をもとに実在高を集計し、棚卸資産の帳簿在高と照合する。

d　実地棚卸は、自社の保有している棚卸資産に限られ、他社からの預り品等については区分管理し実地棚卸の対象となることはない。

問題2　実地棚卸を行う目的として適切でないものはどれか。

a　不良品や長期間保管されている商品を発見する。

b　社内の不正を防止する。

c　棚卸資産を把握し、決算資料に役立てる。

d　商品を整理し、在庫管理に役立てる。

問題3　商品在庫が盗難や不正使用されないようにするための方法として適切なものはどれか。

a　入出荷の締切日を確認し、その期限内の在庫がカウントされていることを確認する。

b　販売数量と出荷数量とが一致していることを確認する。

c　受払証憑と受払帳簿を突合し確認する。

d　物品を管理している建物・部屋は施錠管理し、鍵の受け渡しを記録する等して、入退出管理を徹底する。

問題4　次の棚卸資産の評価基準に関する解説で（　）内に入る語句の組み合わせとして最も適切なものはどれか。

「通常の販売目的で保有する棚卸資産は、（ A ）をもって貸借対照表価額とし、期末における（ B ）が（ A ）よりも下落している場合には、当該（ B ）をもって貸借対照表価額とする。この場合において、（ A ）と当該（ B ）との差額は当期の費用として処理する。」

a　A　正味売却価額　　B　取得原価

b　A　取得原価　　B　正味売却価額

c　A　時価　　B　取得原価

d　A　再調達原価　　B　正味売却価額

問題5　商品などの実地棚卸において生じる棚卸減耗損について、原価性がある場合、損益計算書上の表示として適切なものはどれか。

A　売上原価

B　販売費及び一般管理費

C　営業外費用

D　特別損失

a　A、B

b　B、C
c　A、C
d　C、D

問題6　以下の資料に基づいて算定された棚卸減耗損（費）と商品評価損に関する組み合わせのうち、適切なものはどれか。

（資料）

期末商品帳簿数量：100個　　原価：@1,100円
期末商品実地数量：　90個　　正味売却価額：@1,000円

a　棚卸減耗損：10,000円　　商品評価損：10,000円
b　棚卸減耗損：10,000円　　商品評価損：11,000円
c　棚卸減耗損：　9,000円　　商品評価損：11,000円
d　棚卸減耗損：11,000円　　商品評価損：　9,000円

問題7　棚卸資産に関する記述で（　）内に入る語句の組み合わせとして最も適切なものはどれか。

「棚卸資産は、商品、製品、半製品、原材料、仕掛品等の資産であり、企業がその（ A ）目的を達成するために所有し、かつ、（ B ）を予定する資産である。」

a　A　利益　　B　購入
b　A　利益　　B　売却
c　A　営業　　B　購入
d　A　営業　　B　売却

問題8　購入した棚卸資産の取得価額に算する項目として適切なものはいくつあるか。

A　引取運賃
B　運送保険料
C　購入手数料
D　関税

a　1つ
b　2つ

c　3つ
d　4つ

問題9　棚卸資産の受け払い管理における数量の算定方法として、次の説明に該当する最も適切なものはどれか。

「棚卸資産の種類ごとに受け入れと払い出しを記録する方法で、売上数量を帳簿上で常に把握する方法である。」

a　定額法
b　商品有高帳
c　継続記録法
d　棚卸計算法

問題10　先入先出法の説明として適切なものはどれか。
a　取得原価の異なる棚卸資産を区別して記録し、その個々の実際原価によって期末棚卸品の価額を算定する方法
b　取得した棚卸資産の平均原価を計算して払出単価を求める方法
c　最も古く取得されたものから順次払出しが行われ、期末棚卸品は最も新しく取得したものからなるとみなして、払出単価を計算する方法
d　期末に最も近い時点で最後に棚卸資産を取得したときの単位当たり取得原価をもって期末棚卸品の評価を行う方法

問題11　以下の資料のもとで、在庫回転期間は何日になるか。なお、1年を365日として計算すること。

（資料）
売上高：800,000
平均在庫金額：80,000

a　21.6日
b　29.5日
c　36.5日
d　45.8日

問題12　過剰在庫の弊害に関する記述で適切でないものはどれか。
a　在庫維持費用の増加

b　運転資金の圧迫
c　在庫の陳腐化
d　在庫回転率の向上

問題13　下記のケースにおいて在庫回転率はいくらになるか。

棚卸資産：10,000円
売上高:40,000円
売上総利益:15,000円

a　0.25回転
b　3.0回転
c　4.0回転
d　1.5回転

問題14　適正在庫量を把握するために必要な項目として適切でないものはどれか。

a　発注から入庫までの期間
b　払出単価の計算方法の決定
c　経済的発注量
d　販売計画との整合性

問題15　在庫管理における残高管理のリスクに関する記述で適切でないものはどれか。

a　帳簿残高の更新を誤る。
b　棚卸結果の集計を誤る。
c　棚卸補正の修正伝票の計上金額を誤る。
d　受払いの記録を誤る。

固定資産管理

問題１　少額減価償却資産に該当する使用可能期間と取得価額に関する次の組み合わせのうち、最も適切なものはどれか。

a　２年未満又は10万円未満
b　２年未満又は15万円未満
c　１年未満又は10万円未満
d　１年未満又は20万円未満

問題2　3年間で一括償却できる償却資産に関する次の記述のうち適切なものはどれか。

a　10万円以上
b　10万円以上20万円未満
c　10万円以上50万円未満
d　50万円未満

問題3　有形固定資産の種類に含まれる資産であっても、税法上、損金算入する処理が認められるものとして適切でないものはどれか。

a　取得価額が10万円未満の減価償却資産の取得時一括損金算入
b　使用可能期間が2年未満である減価償却資産の取得時一括損金算入
c　一括償却資産の3年均等償却
d　中小企業者等の少額減価償却資産の取得価額の損金算入の特例による取得時一括損金算入

問題4　国庫補助金に関する解説で（　）内に入る語句の組み合わせとして最も適切なものはどれか。

「固定資産の取得・改良に充てるため（ A ）から補助金等の交付を受け、その補助金等で交付の目的に適合した固定資産等の取得等をしたときは、その取得した固定資産等につき（ B ）が認められる。」

a	A	国や地方公共団体	B	減損会計
b	A	金融機関	B	圧縮記帳
c	A	金融機関	B	減損会計
d	A	国や地方公共団体	B	圧縮記帳

問題5　有形固定資産の取得価額に算入しないことができる費用として適切でないものはどれか。

a　不動産取得税
b　登録免許税
c　割賦購入による利息相当部分
d　土地建物の取得に際して支払う立退料

問題6　以下の資料のもとで、定額法により1年目の減価償却費を算定した場合いくらになるか。

（資料）
取得価額　1,000万円
耐用年数　５年残存価額０（ゼロ）
当期首（４月１日）に購入。決算日は、３月31日とする。

a　180万円
b　200万円
c　500万円
d　800万円

問題7　以下の資料のもとで、定率法により×2年３月31日決算の減価償却費を算定した場合いくらになるか。

（資料）
取得価額　1,000万円
耐用年数　10年
償却率　0.2
×1年４月１日購入。決算日は、３月31日とする。
なお、解答の端数処理は四捨五入している。

a　100万円
b　188万円
c　200万円
d　500万円

問題8　固定資産台帳を記録する上で設けるべき項目として適切でないものはどれか。

a　資産の名称
b　資産の種類
c　売却時価
d　減価償却費

問題9　減損の兆候に関する記述で適切でないものはどれか。

a　営業活動からのキャッシュフローが継続的にマイナス

b　取得価額を著しく低下させる変化
c　経営環境の著しい悪化
d　市場価格の著しい下落

問題10　減損損失の認識の判定に関する記述で（　）内に入る語句の組み合わせとして適切なものはどれか。

「減損の兆候がある資産グループ等については、減損損失の認識の判定を行うが、判定にあたっては（Ａ）将来キャッシュフローと帳簿価額を比較し、（Ａ）将来キャッシュフローが（Ｂ）場合に、減損損失を認識する。」

a　Ａ　割引前　　Ｂ　上回っている
b　Ａ　割引前　　Ｂ　下回っている
c　Ａ　割引後　　Ｂ　上回っている
d　Ａ　割引後　　Ｂ　下回っている

問題11　減損会計に関する記述で適切なものはどれか。

a　減損会計の対象となる固定資産は有形固定資産のみである。
b　回収可能価額とは、正味売却価額と使用価値のうちいずれか低い方の金額である。
c　減損の兆候がある場合、当該資産から生み出される割引後将来キャッシュフローの合計額を見積り、その額が帳簿価額を下回る場合には減損損失を認識する。
d　減損損失として認識される金額は帳簿価額と回収可能価額との差額である。

問題12　修繕費計上の要件に関する記述で適切でないものはどれか。

a　価値向上
b　20万円未満
c　維持管理
d　原状回復

問題13　オペレーティング・リース取引に関する記述で適切なものはどれか。

a　ファイナンス・リース取引のうち所有権が移転しないもの。
b　賃貸借処理に準じた会計処理を行い、損益計算書に費用計上する。
c　売買処理に準じた会計処理を行い、リース資産とリース債務を計上する。

d　リース期間が、リース物件の耐用年数の75％以上。

問題14　ファイナンス・リース取引に関する記述で（　）内に入る語句の組み合わせとして適切なものはどれか。

「ファイナンス・リース取引とはリース期間の（ A ）において当該契約を解除することができないリース取引である。また、借手がリース物件からもたらされる経済的利益を実質的に享受することができ、かつ、リース物件の使用に伴って生じる（ B ）を実質的に負担することとなるリース取引のことをいう。」

a　A　最初　B　リース料
b　A　最初　B　コスト
c　A　中途　B　リース料
d　A　中途　B　コスト

問題15　償却資産の固定資産税の免税点で適切なものはどれか。

a　課税標準が20万円未満
b　課税標準が30万円未満
c　課税標準が100万円未満
d　課税標準が150万円未満

問題16　固定資産税の納期について、適切なものはどれか。

a　一括で納付しなければならない。
b　原則２回の納期に分けて納めることができる。
c　原則３回の納期に分けて納めることができる。
d　原則４回の納期に分けて納めることができる。

問題17　固定資産管理における資産評価（減損）のリスクに関する記述で適切でないものはどれか。

a　減損の要否の判定を誤る。
b　評価額の計上額を誤る。
c　減損すべき資産が減算されない。
d　現物確認を誤る。

問題18　固定資産管理における減価償却費の計上を誤るというリスクに対するコントロールに関する記述で適切なものはどれか。

a　固定資産台帳と会計帳簿を突合し、計上に漏れがないことを確認する。

b　税法・会計基準及び社内で定めた規定に基づいて当該資産の償却方法が適切であることを確認する。

c　減価償却算定資料と償却費伝票を突合し確認する。

d　固定資産台帳の取得価額と会計帳簿の計上額が一致していることを確認する。

ソフトウェア管理

問題１　ソフトウェアの会計処理の際、判定の基礎となる制作目的に関する記述で適切でないものはどれか。

a　受注制作

b　外部購入

c　市場販売

d　自社利用

問題２　受注制作目的でソフトウェアを制作した場合の会計処理として適切なものはどれか。

a　発生時に費用処理

b　無形固定資産に計上した上で償却

c　収益認識の会計処理に準じて処理を行う

d　工事進行基準に準じて処理を行う

問題３　ソフトウェアの制作費に関する解説で（　）内に入る語句の組み合わせとして最も適切なものはどれか。

「市場販売目的で製品マスターを完成させるまでに要した金額は（ A ）として処理するが、最初に製品化された製品マスターのバージョンアップ（機能の改良・強化）に要した金額は、（ B ）として計上する。」

a　A　研究開発費　　B　無形固定資産

b　A　無形固定資産　　B　研究開発費

c　A　研究開発費　　B　棚卸資産

d　A　棚卸資産　　B　研究開発費

問題４　市場販売目的で無形固定資産に計上したソフトウェアの会計処理として適切なものはどれか。

a　発生時に費用処理

b　定額法（原則５年）で償却

c　定額法（原則３年）で償却

d　見込販売数量または見込販売収益に基づいて償却

問題５　自社利用のソフトウェアに関する記述で（　）内に入る語句の組み合わせで適切なものはどれか。

「自社利用のソフトウェアの資産計上の検討に際しては、そのソフトウェアの利用により将来の収益獲得又は（ A ）が（ B ）ことが認められるという要件が満たされているか否かを判断する必要がある。」

a　A　サービス提供　　B　確実である

b　A　サービス提供　　B　見込まれる

c　A　費用削減　　B　確実である

d　A　費用削減　　B　見込まれる

問題６　市場販売目的のソフトウェアのバージョンアップの会計処理で適切なものはどれか。

a　既存の製品に機能を追加し、又は操作性を向上させるなど、それほど大幅でないバージョンアップに要した支出は、資本的支出として資産計上される。

b　既存の製品に機能を追加し、又は操作性を向上させるなど、それほど大幅でないバージョンアップに要した支出は、研究開発費として費用計上される。

c　製品の大部分を作り直すような大幅なバージョンアップは、資本的支出として資産計上される。

d　バージョンアップに要した支出は、規模の大小にかかわらず、資本的支出として資産計上される。

問題７　ソフトウェアの取得価額に算入しないことができる費用に当てはまらないものはどれか。

a　自己の製作に係るソフトウェアの製作計画の変更等により、いわゆる仕損じがあったため不要となったことが明らかなものに係る費用の額

b　研究開発費の額
c　製作等のために要した間接費、付随費用等で、その合計額が製作原価のおおむね３％以内の金額であるもの
d　ソフトウェアの導入にあたって必要とされる設定作業及び自社の仕様に合わせるために行う付随的な修正作業等の費用の額

問題8　税務上のソフトウェアの耐用年数に関する記述で（　）内に入る語句の組み合わせとして適切なものはどれか。

「ソフトウェアの耐用年数は研究開発用のものが（ A ）、複写して販売するための原本が（ B ）、その他のものが５年である。」

a　A　３年　　B　３年
b　A　３年　　B　５年
c　A　５年　　B　３年
d　A　５年　　B　５年

問題9　ソフトウェア管理における制作実行のリスクに関する記述で適切でないものはどれか。

a　受注目的ソフトウェアの資産計上金額を誤る。
b　販売目的ソフトウェアの資産計上金額を誤る。
c　自社利用目的のソフトウェアの資産計上金額を誤る。
d　ソフトウェアの台帳管理の記入を誤る。

解答解説

売掛債権管理

解答1－c

取引先企業の信用調査においては、データ分析が不可欠である。主に取り上げられるデータには、定性的データと定量的データがある。

定性的データとしては、信用調査機関による評価結果、会社の資本構成、主な取引先、契約時の債務支払条件、金融機関とのトラブルの有無等が挙げられる。

定量的データとしては、財務諸表による決算数値、総資産利益率、自己資本利益率、売上高利益率等の財務指標があげられる。

解答2－d

総合指数法は取引先の「業歴」「業界の将来性」「経営者資質」「売上・利益趨勢」「資本回転期間」「資本利益率」「売上高利益率」「自己資本比率」「借入金依存度」「データ公表度」等、複数の項目に評点を決めて、総合得点でランク付けするものである。

解答3－c

担保には物的担保と人的担保があり、その種類は次の通りである。

物的担保…留置権、先取特権、質権、抵当権

人的担保…保証債務、連帯保証、連帯債務、債務引受

解答4－a

与信限度額とは、得意先ごとの経営状態による支払い能力に応じて定めた売上債権の最高額のことである。これは、得意先ごとの信用調査に基づいて柔軟に設定することになる。

与信管理のためには、毎月の得意先ごとの販売額が与信限度額をオーバーしていないか監視する必要があるため、aの選択肢のように、最低3ヵ月ごとに区切って監視する必要があるという記述は適切ではない。

解答5－d

口約束だけの取引では、トラブルが発生したときに解決に向けた対処ができなくなってしまう。取引条件や契約不適合責任などを盛り込んだ約定を書面で

ハッキリさせることにより、互いに注意義務を遵守し、相互信頼に基づいた取引が可能になる。

取引は内容によって法規制があるので、民法、会社法、独占禁止法、下請法、外為法など法的に問題ないかを検証する必要がある。また、取引の内容が契約を交わした責任者の権限の範囲内かどうかを社内規定などによって確認する。国際契約を行う場合には行政官庁の許認可や届出が必要な場合もあるので注意が必要である。

解答6－a

信用調査機関による調査結果は、継続的に把握する必要はあるが、取引開始前の考慮要件としての意味合いが強い。

与信管理の一般的な手順としては、①取引先の信用調査、財務データ等の入手②信用度の分析③社内与信基準との照合④取引可否の判定⑤与信限度額の設定⑥取引の実行と与信限度額の見直しのサイクルとなる。

解答7－b

クレジットカードにより売り上げた場合は販売時に売上収益を計上し、代金は信販会社に対する債権として「クレジット売掛金」で処理する。

また、信販会社より手数料を差し引いた代金が入金された時点でクレジット売掛金を減少させる。

解答8－d

クレジット手数料は商品販売時に計上する方法と代金回収時に計上する方法がある。またクレジット手数料は消費税上、金銭譲渡と同様の取り扱いとなり、課税対象になじまないことから消費税は非課税取引となる。

解答9－d

不良債権は、回収見込みの可能性の低い債権の総称であり、債権分類とは関係がない。

項目	債権の状況	貸倒引当金の算定方法
一般債権	債務者の経営状態に重大な問題が生じていないもの	債権全体又はその種類ごとに、過去の貸倒実績率など合理的な基準で算定する。
貸倒懸念債権	債務者は経営破綻には陥っていないが、弁済に重大な問題が生じているか、その可能性が高いもの	次のいずれかを選択する。 ①(債権額－担保の処分見込額及び保証による回収見込額）に対し、過去の実績率などから算定する。 ②将来の見積りキャッシュフローを約定利子率で割り引いた現在価値と帳簿価額との差額を引当金とする。
破産更生債権等	債務者が法的又は実質的に経営破綻に陥っているもの	(債権額－担保の処分見込額及び保証による回収見込額）を引当金とする。

解答10－a

b　得意先への請求が遅滞なく行われているかを管理するのは、売掛金回収状況管理表である。

c　売掛金の未回収の発生原因を明らかにするのは、売掛金滞留明細表である。

d　売掛金全部の増減と残高を把握できるのは、総勘定元帳の売掛金勘定である。

解答11－c

「得意先に当社の売掛金等の債権の（A**帳簿残高を文書**）で知らせて確認し、先方の（B**帳簿残高**）と合致するかどうか、また差異があれば（C**その原因を調査**）すること。」

当社の売掛金残高は得意先の買掛金残高と一致するはずである。しかし、請求漏れ、二重請求、値引きなどの処理が間違っているなどの理由から一致していないことがある。そのため、得意先に文書で知らせて確認し、差異があれば原因を調査しなければならない。

解答12－b

Ⅰ　与信管理の強化 ……………… 事後

Ⅱ　基本契約書作成 ……………… 事前

Ⅲ　債権保全措置の実行 ………… 事後

Ⅳ　連帯保証人設置 ……………… 事前

滞留債権が発生した場合、下記のような対応策を講じる必要がある。

①与信管理の強化（信用度の確認・見直し、担保の確認・見直し、決算内容や取引のある企業の調査等）

②債権保全措置の強化・実行（債務との相殺、担保の追加取得）

解答13－b

債権の元本及び利息の受取りが見込まれるときから当期末までの期間にわたり当初の約定利子率で割り引いた金額の総額と債権の帳簿価額との差額を貸倒見積高とする。その他については**解答９**解説参照。

解答14－a

貸倒懸念債権の貸倒見積高を財務内容評価法で算定するにあたり、取引先の支払能力を判断する資料が十分に入手できない場合、担保の処分見込額及び保証による回収見込額を控除した残額の50%を貸倒引当金とすることができる。

(4,000万円－(200万円＋300万円))×50%＝1,750万円

解答15－b

破産更生債権等の貸倒見積高を財務内容評価法で算定する場合、破産更生債権等の総額から担保の処分見込額及び保証による回収見込額を控除した金額を貸倒引当金とすることができる。

(4,000万円－(200万円＋300万円))＝3,500万円

解答16－a

収益を認識するためには以下の５つのステップを適用する。

①顧客との契約の識別　②履行義務の識別　③取引価格の算定

④取引価格の個別履行義務への配分　⑤履行義務の充足による収益の認識

解答17－c

収益認識に関する会計基準における「履行義務」とは顧客との契約において、次の（１）または（２）いずれかを顧客に移転する約束をいう。

（１）別個の財又はサービス（あるいは別個の財又はサービスの束）

（２）一連の別個の財又はサービス（特性が実質的に同じであり、顧客への移転のパターンが同じである複数の財又はサービス）

解答18－c

契約で定められた金額とは異なる割戻しが実施されるのは、割戻し対応に関するリスクである。この場合、算定根拠となる売上証憑と契約書を照合し、割戻額を確認する。

解答19－a

bは請求金額を誤るリスクに対するコントロールである。cは消し込み伝票の計上が漏れるリスクに対するコントロールである。dは数量・価格の確認を誤り、想定とは異なった価格で契約が締結されるリスクに対するコントロールである。

解答20－d

収益認識に関する基準においては、（1）から（5）の要件のすべてを満たす顧客との契約を識別する。

（1）当事者が書面・口頭・取引慣行等により契約を承認し、それぞれの義務の履行を約束していること。

（2）移転される財又はサービスに関する各当事者の権利を識別できること。

（3）移転される財又はサービスの支払条件を識別できること。

（4）契約に経済的実質があること。

（5）顧客に移転する財又はサービスと交換に企業が権利を得ることとなる対価を回収する可能性が高いこと。

解答21－a

収益認識に関する会計基準による「顧客」とは、対価と交換に企業の通常の営業活動により生じたアウトプットである財又はサービスを得るために当該企業と契約した当事者をいう。

解答22－c

商品の引渡しは引き渡した年度の収益となり、保守サービスは履行義務を充足した当年度の分が収益認識される。当年度の収益の計算は以下のとおりである。

① 商品の引渡し：200,000円

② 保守サービス：60,000円÷3年＝20,000円

③ ①＋②＝220,000円

解答23－d

収益認識に関する会計基準において、同一の顧客と同時に締結した複数の契約について、次の（1）から（3）のいずれかに該当する場合には当該複数の契約を結合し、単一の契約とみなして処理する。

（1）当該複数の契約が同一の商業的目的を有するものとして交渉されたこと。

（2）1つの契約において支払われる対価の額が、他の契約の価格又は履行により影響を受けること。

（3）当該複数の契約において約束した財又はサービスが、履行義務の識別に従うと単一の履行義務となること。

買掛債務管理

解答1－d

「親事業者と下請事業者の（A**公正**）な取引を目指し、立場の弱い下請事業者の利益を害することを防止するために、（B**独占禁止法**）の特別法として制定されている。」

下請代金支払遅延等防止法（下請法）は、親事業者の優越的地位の濫用による不公正な取引を健全化し、下請事業者の保護を図ることを目的としている。

解答2－b

新たに企業と継続的な取引を行う契約を締結する際、下記の内容を交渉し、合意的内容で基本契約書を取り交わす。

・費用の負担や取引場所等の取引条件

・お互いの機密保持

・契約解除の条件

・損害賠償の方法

解答3－a

注文品などを受け取った日から代金を支払わなければならない最長の期日は60日である。

解答4－b

検収基準は、納入された商品・原材料の数量、品質等を検査したうえで仕入を計上する考え方である。なお、問題にある入荷基準は、商品や原材料が当社に到着した日に仕入を計上する考え方である。品違いや不良品が届いてしまう可能性を考えると、単なる到着よりは検収後のほうが妥当であり、検収基準による仕入の計上が一般的であるといえる。

解答５－d

入荷基準においては、商品が到着した時に仕入を計上すると同時に買掛金も計上している。不良品があったため、返品することになった場合には、速やかに入荷の取り消しを行い、仕入・買掛金の修正が必要となる。

解答６－a

企業会計原則においては「すべての費用及び収益は、その支出及び収入に基づいて計上し、その発生した期間に正しく割り当てられるように処理しなければならない。」として、費用及び収益を発生した時に計上することを求めている。仕入れについては、具体的には①商品の受け入れと②対価が確定した時に計上することを意味する。

検収基準においては、検収が完了したことをもって商品を受け入れたこととし、同時に契約に基づいて支払い義務が確定したと考える。よって、仕入れの計上を請求書が届くまで待つ必要はない。

解答７－c

仕入値引…仕入商品が破損していたり、不良品の場合に代金から控除すること
仕入返品…仕入計上した商品が品質不良や品違いの場合にその商品を返戻すること
仕入割戻…ある一定の期間に特定の取引先から大量に仕入を行った場合に仕入高や数量を基準に受取る報奨金のこと
仕入割引…代金支払期日前の支払に対して、仕入先から受ける買掛金の一部免除のこと

解答８－b

書き損じの場合は、領収書の訂正や日付訂正をするより可能な限り再発行が望ましい。なお、金額欄に関して訂正は認められず、新たなものが必要となる。

また、会社の場合、税務上の帳簿や書類については、法律で保管年数が決められており、領収書は７年間保存するよう義務付けられている。

解答９－d

買掛金の取扱いに関する主な留意事項を部門ごとにみると以下のようになる。

①購買部門

（a）仕入先からの請求書と注文書控及び検収報告書等とを照合する。

（b）請求金額、支払条件等を確認する。

（c）社内で定められた責任者の承認を受けた後、会計部門へ記帳を依頼する。

（d）仕入値引等による買掛金の減少取引については、責任者の承認を受ける。

②会計部門

（a）請求書及び支払依頼書を仕入先別元帳と照合した後、出納部門へ支払いを依頼する。

（b）支払日をもって仕入先別元帳に記帳し、支払対象取引金額の消し込みを行う。

③出納部門

（a）支払条件に適合していることを再度確認する。

（b）支払承認のある支払依頼書に基づき責任者の承認を受けて、支払いを行う。

解答10－c

買掛金については、売掛金と同様に滞留管理を実施する。定期的に買掛金の年齢調べを行い、長期にわたり買掛金が滞留している場合には、先方の未請求、当方の二重計上や支払不要等の発生原因を明らかにして、残高を修正するか雑益、雑収入等適切な科目に振り替える。

解答11－c

仕入れを計上した時に買掛金も計上されることになる。しかし、買掛金の支払期日は取引相手、契約内容によって異なってくる。そのため、二重支払いや支払いの遅延を防止するために決済期日別に債務を管理することは重要である。また、支払いに必要な資金を準備しておく必要もあるので、支払いのタイミングを知ることは資金管理にも役立つ。なお、支払いの取り消しは支払う金額の問題で、支払いのタイミングとは直接には関係しない。

解答12－c

期日別債務残高管理は、まずは買掛金を期日別に分類し早い順番に整理するところから始まる。その後に、下請法の規定や支払方法などを検証する。そして、資金調達管理部門に報告をして期日までに資金を準備する流れとなる。

解答13－d

仕入れの値引きや割戻が行われた場合は、直ちに買掛債務を修正する必要がある。

取引先が少ない場合であっても取引量は多くなる可能性があるので、取引先が少ないことをもって仕入先別元帳の作成を省略すべきではない。

仕入先別元帳の合計額と総勘定元帳の買掛金残高は一致することを確認することによって転記や金額の間違いを見つけることができるので、定期的にチェックをすべきである。

仕入先別元帳が借方残高ということは、過払いや二重支払いの可能性が考えられる。また、現金の支払いは不正が起こりやすい内容でもあり内部統制上も直ちに原因を調査すべきである。

解答14－d

架空の契約・発注が行われるリスクは、購入・契約に関するリスクである。この場合、取引承認時の根拠資料と契約書を突合し、契約内容が承認を受けたものであることを確認する。

解答15－b

ａは期日到来の確認が漏れ、支払いが実行されないリスクに対するコントロールである。ｃは期日別債務の把握を誤り、期限を越えた支払いを実施するリスクに対するコントロールである。ｄは入荷、検収したにもかかわらず、仕入れまたは買掛金の計上が漏れるリスクに対するコントロールである。

在庫管理

解答１－c

a　実地棚卸が公正かつ正確に行われるための内部牽制効果を考えて他部署による検査や立会を行うことが必要である。

b　棚卸票には、１品目のみ記入し現物に貼付し、分散して保管されている棚卸資産を同じ棚卸票にまとめて記入しない。現状把握をするためである。

d　実地棚卸の対象となる棚卸資産は棚卸資産管理規程に定めるものであるが、他社からの預り品等についても金額が大きい場合や先方から要請がある場合には、対象とする場合がある。

解答２－d

実地棚卸は単なる数量把握でなく、実際に目で見て商品の品質を確認することも重要である。また、保有期間を把握すれば在庫管理に役立てることもできる。このように実地棚卸を徹底することは内部牽制につながり社内の不正を防止する効果もある。そして、商品の受け払い記帳している場合は帳簿棚卸数量と比較し棚卸減耗損を把握し、正確な利益計算を行うことができる。

商品の整理は実地棚卸を行う前の準備段階で済ませておく内容である。よって、dは適切ではない。

解答3－d

aは、入出荷の締切りを誤り、架空在庫をカウントするのを防止するのに有効である。bは、受け払いの記録が漏れるのを防止するために行う。cは、架空の受け払いが記録されるのを防ぐことができる。正解はdである。

解答4－b

「通常の販売目的で保有する棚卸資産は、（A**取得原価**）をもって貸借対照表価額とし、期末における（B**正味売却価額**）が（A**取得原価**）よりも下落している場合には、当該（B**正味売却価額**）をもって貸借対照表価額とする。この場合において、（A**取得原価**）と当該（B**正味売却価額**）との差額は当期の費用として処理する。」

通常の販売目的で保有する棚卸資産は、取得原価をもって貸借対照表価額とし、期末における正味売却価額が取得原価よりも下落している場合には、当該正味売却価額をもって貸借対照表価額とする。これは、収益性の低下による簿価の切下げという考え方に基づくものであり、期末棚卸資産の評価基準に低価基準を適用するとしたものである。なお、取得原価と当該正味売却価額との差額は当期の費用として処理される。

解答5－a

棚卸減耗損の損益計算書上の表示は、原価性がある場合は「売上原価」又は「販売費及び一般管理費」、原価性がない場合は「営業外費用」又は「特別損失」に計上する。

解答6－d

棚卸減耗損（費）：(期末帳簿数量－期末実地数量)×原価
=(100個－90個)×@1,100円=11,000円

商品評価損：(原価－正味売却価額)×期末実地数量=(@1,100円－@1,000円)
×90個=9,000円

２つの金額をイメージすると以下のようになる。

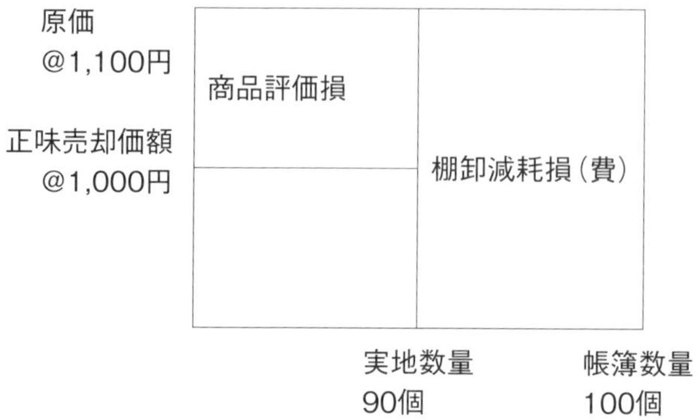

解答７－d

「棚卸資産は、商品、製品、半製品、原材料、仕掛品等の資産であり、企業がその（A**営業**）目的を達成するために所有し、かつ（B**売却**）を予定する資産である。」

棚卸資産は問題文の記述の他、売却を予定しない資産であっても、販売活動及び一般管理活動において短期間に消費される事務用消耗品等も含む。

解答８－d

購入した棚卸資産の取得価額は、その資産の購入代価に付随費用である引取運賃、荷役費、運送保険料、購入手数料、関税などを加算する。

解答９－c

商品有高帳は商品ごとに受け入れと払い出しを記録する補助簿である。問題では「数量の算定方法」を聞いているので継続記録法が正解となる。なお、継続記録法で数量を把握している場合は、帳簿数量と実地数量とを比較することによって棚卸減耗を知ることができる。

棚卸資産の受け入れと払い出しの記録を行わずに、期末に実地棚卸を行って期末数量を把握し、期首数量と当期仕入分との合計額との差額で払出し数量を求める方法を棚卸計算法という。

解答10－c

a　個別法

b　平均原価法

c　先入先出法

d　最終仕入原価法

問題文のほかにも売価還元法という算定方法がある。

売価還元法とは異なる品目の資産を値入率の類似性に従って適当なグループにまとめ、一グループに属する期末棚卸品の売価合計額に原価率を適用して期末棚卸品の価額を算定する方法である。

解答11－c

在庫回転期間は、在庫が一回転するのにどのくらいの期間がかかったのかを表す。

在庫回転期間＝平均在庫金額÷年間の売上高×365日

よって、本問の計算は下記の通りである。

80,000÷800,000×365日＝36.5日

なお、計算には売上原価を使用する場合もある。

解答12－d

在庫を過剰に持っている場合、保管料や管理費等の在庫関連の費用が増加することになる。また、在庫は資金から転化されたものであり、在庫自体は資金の拘束化につながり、運転資金を圧迫することになる。さらに、棚卸資産のライフサイクルの短縮化の中で、在庫を抱えることは陳腐化リスクを抱えることになる。なお、過剰在庫は出庫される量に対して在庫量が増えていくことを意味するので在庫回転率は悪化する。

解答13－c

在庫回転率は商品の販売が効率的に行われているかどうかを判断する指標で、売上高÷棚卸資産で求める（売上高の変わりに売上原価を用いることもある）。在庫回転率が高いほど入庫から出庫までの期間が短く商品がよく売れていることを意味する。在庫回転率は棚卸資産回転率ということもある。

解答14－b

適正在庫量を把握するために必要な項目は

①発注から入庫までの期間

②販売計画との整合性

③経済的発注量

である。

払出単価の計算方法の決定は出庫管理の際に必要な項目である。

解答15－d

受け払いの記録を誤るのは、受け払い管理に関するリスクである。この場合、担当者は物品払出請求書等の受払証憑と受払帳票等を突合し確認するべきである。

固定資産管理

解答１－c

減価償却資産のうち、取得価額10万円未満又は使用可能期間１年未満のものは、事業の用に供した年度で損金処理することができる。なお、10万円未満の判定は通常取引される単位ごとに行う。

解答２－b

取得価額が10万円以上20万円未満の償却資産については、事業年度ごとに一括して３年間で償却できる取扱いが設けられている。通常の減価償却とは、以下の点で相違する。

①耐用年数が何年であってもすべて３年で償却する。

②初年度も月割額ではなく年額を計上できる。

③３年以内に除却しても除却処理は行わない。

解答３－b

以下のものは、税法上、損金算入する処理が認められている。

①少額減価償却資産の取得価額の損金算入

以下のいずれかに該当すれば全額を損金算入できる。

・使用可能期間が１年未満である減価償却資産

・取得価額が10万円未満の減価償却資産

②一括償却資産の３年均等償却

取得価額が20万円未満であれば、３年にわたり均等額を損金に算入することができる。

③中小企業者等の少額減価償却資産の取得価額の損金算入の特例

以下のいずれにも該当すれば、取得時に全額を損金算入できる。

・中小企業者（資本金の額が１億円以下の法人）等であること

・取得価額が30万円未満の減価償却資産

解答４－d

「固定資産の取得・改良に充てるため（A**国や地方公共団体**）から補助金等

の交付を受け、その補助金等で交付の目的に適合した固定資産等の取得等をしたときは、その取得した固定資産等につき（Ｂ**圧縮記帳**）が認められる。」

圧縮記帳とは、国庫補助金や工事負担金などで固定資産を購入した場合、その取得価額から補助金等の額を控除して処理する方法である。

これは、課税を繰り延べるための処理である。補助金等の受贈益と同額の損金を計上することによって、補助金等を受けた事業年度には課税されない。しかし、同時に固定資産の取得価額は補助金等の額だけ圧縮されるので、そこから計算される減価償却費の総額は圧縮前と比べて補助金等の額だけ小さくなる。その分、利益（所得）が大きくなって課税される仕組みである。補助金等を受けた事業年度にまとめて課税されなかった受贈益が耐用年数にわたって少しずつ課税されていくことになる。

解答５－ｄ

有形固定資産の取得価額に算入しないことができる費用には次のようなものがある。

・不動産取得税又は自動車取得税
・新増設に係る事業所税
・登録免許税その他登記又は登録のために要する費用
・減価償却資産を取得するための借入金の利子（使用を開始するまでの期間に係る部分）
・割賦購入による利息相当部分

解答６－ｂ

定額法においては、取得原価を耐用年数で割るか定額法償却率を乗じて減価償却費を計算する（定額法償却率＝１÷耐用年数）。

定額法による減価償却費：1,000万円÷５年＝200万円 または
1,000万円×0.2＝200万円

解答７－ｃ

平成19年４月１日以降に取得した減価償却資産については、償却可能限度額及び残存価額が廃止され、耐用年数到来時に「残存簿価１円」まで償却する。

定率法においては、期首帳簿価額（取得原価－期首減価償却累計額）に償却率を乗じて減価償却費を計算する。なお、定率法による償却率は、平成19年４月１日から平成24年３月31日までに取得した固定資産については「定額法償却率×250％」、平成24年４月１日以後の取得については「定額法償却率×200％」

を用いる。

解答8－c

固定資産台帳は固定資産を種類別に分類した上で、取得日・取得価格、減価償却方法、売却や除却などの履歴を記録する補助簿である。

固定資産は長期利用することを目的としており、そもそも売却を予定しているものではない。よって、数多く保有している個々の固定資産の売却時価を把握することは適切ではない。

解答9－b

減損会計のプロセス

減損の兆候の判定

資産の減損が生じている可能性を示すような兆候がある場合に調査する。

（a）資産又は資産グループから生じる損益や営業キャッシュフローが継続してマイナス

（b）資産の遊休や予定外の転用など、回収可能価額を著しく低下させるような変化

（c）経営環境の著しい変化

（d）資産又は資産グループの市場価格が著しく低下した場合

解答10－b

「減損の兆候がある資産グループ等については、減損損失の認識の判定を行うが、判定にあたっては（A**割引前**）将来キャッシュフローと帳簿価額を比較し、（A**割引前**）将来キャッシュフローが（B**下回っている**）場合に、減損損失を認識する。」

減損の兆候があった資産について減損を認識するかどうかを判定する。まだ認識すると決まったわけではないので、この段階で割引計算をする必要はない。帳簿価額を上回るだけのキャッシュが将来入ってくるのかどうかを簡単に計算できればよい。資産価値を上回るキャッシュを生み出さないということになると、いくら減損するべきかを測定することになるが、この時に正確な計算をする必要があるので割引計算を行う。

解答11－d

減損損失が認識された場合は、「帳簿価額－回収可能価額」を減損損失として費用処理する。回収可能価額とは使用価値と正味売却価額のいずれか高い金

額である。これは資産が帳簿価額を上回るキャッシュを生み出さないことがわかった時に、使用し続けるのがいいのか売却するのがいいのかという判断を迫ることになる。なお、この場合の使用価値は将来キャッシュフローを割引計算した現在価値を用いる。

なお、減損の対象となる資産は有形固定資産だけでなく、無形固定資産や投資その他の資産も対象となる。

解答12－a

①資本的支出（支出額を資産計上）… 耐用年数の延長や価値の増加

以下のようなものが挙げられる。

（ａ）建物の避難階段の取付けなど物理的に付加した部分の金額

（ｂ）用途変更のための模様替えなど改造又は改装に直接要した金額

（ｃ）機械の部品を特に品質や性能の高いものに取り替えた場合の取替費用のうち、通常の取替えに要する費用を超える部分の金額

②収益的支出（支出額を修繕費計上）… 通常の維持管理費用、災害の原状回復費用

以下のようなものがあげられる。

（ａ）建物の移築に要した金額

（ｂ）機械装置の移設に要した金額

（ｃ）地盤沈下した土地を沈下前の状態に回復するための地盛りに要した金額

（ｄ）支出額が20万円未満

（ｅ）おおむね３年以内の周期で修理や改良が行われているとき

解答13－b

オペレーティング・リース取引とはファイナンス・リース取引以外のリース取引である。契約通り資産を借りていると捉えて、通常の賃貸借処理に準じて会計処理を行い損益計算書に費用計上する。

解答14－d

「ファイナンス・リース取引とはリース期間の（Ａ**中途**）において当該契約を解除することができないリース取引である。また、借手がリース物件からもたらされる経済的利益を実質的に享受することができ、かつ、リース物件の使用に伴って生じる（Ｂ**コスト**）を実質的に負担することとなるリース取引のことをいう。」

リース契約を中途で解除することができず、リース物件から生じるメリット

もデメリットも借手側の責任ということは、契約はリースだが実質的には所有しているのと変わりがない。財務諸表で報告するのは企業の経済的事実であるので、ファイナンス・リース取引の会計処理は売買処理を行う。リース物件を資産計上すると同時に、リース資産と同額のリース債務を負債計上する。

解答15－d

固定資産税は、毎年1月1日に、土地、家屋、償却資産を所有している者が、その固定資産の価格をもとに算定された税額を、その固定資産がある市町村に納めることになる。

固定資産税の税額は、課税標準額に税率を乗じて算出する。課税標準額は、固定資産を評価して決定した評価額をもとに算出する。

土地、家屋、償却資産のそれぞれの課税標準額の合計額が次の金額に満たない場合は、固定資産税は課税されない。

対象資産	免税点
土地	30万円未満
家屋	20万円未満
償却資産	150万円未満

解答16－d

固定資産税は原則4回の納期に分けて納めることができる。自治体から送付される通知書で納期を確認する。

解答17－d

現物確認を誤るリスクは、現物管理に関するリスクである。この場合、現物実査においては立会人をもうけ、固定資産現物の有無、使用状況を固定資産台帳と突合し確認する。

解答18－c

aは減価償却費の計上が漏れるリスクに対するコントロールである。bは償却対象資産の償却方法を誤るリスクに対するコントロールである。dは固定資産の取得・減少時に、固定資産台帳への記載を誤るリスクに対するコントロールである。

ソフトウェア管理

解答1－b

ソフトウェアの会計処理は制作目的によって判定を行う。受注制作目的、市場販売目的、自社利用目的に分類する。なお、ソフトウェアを制作するにあたり、従来にはない全く新しいものを開発するような場合の調査、探究、実験などにかかったコストは研究開発費として発生時に費用処理を行う。

解答2－c

受注制作のソフトウェアの制作費は収益認識の会計処理に準じて処理を行う。よって、完成するまでのコストは仕掛品として資産計上し、完成して顧客へ引渡した時に売上原価とする。

解答3－a

「市場販売目的で製品マスター（複写可能な完成品）を完成させるまでに要した金額は（Ａ**研究開発費**）として処理するが、最初に製品化された製品マスターのバージョンアップ（機能の改良・強化）に要した金額は、（Ｂ**無形固定資産**）として計上する。」

製品マスターの完成時までは、バグ取り期間も含めて、研究開発費として費用処理を行う。完成後にかかるコストは、研究開発費に該当しない限り無形固定資産に計上する。既存の製品を著しく改良するためのコストは研究開発費に該当する可能性はあるが、従来製品の機能の改良や強化といったバージョンアップに要した金額は無形固定資産である。

解答4－d

市場販売目的で無形固定資産に計上したソフトウェアは将来の見込販売数量または見込販売収益に基づいて減価償却を行う。ソフトウェアはコンピュータプログラムなので物理的劣化をするわけではない。そこで、使用による価値の減少で償却するのではなく、将来の収益性で償却を行う。

なお、無期限に償却期間を長期化することを防ぐために、残存有効期間（原則として３年）に基づく均等配分額を下回ってはならないこととされている。

解答5－c

「自社利用のソフトウェアの資産計上の検討に際しては、そのソフトウェアの利用により将来の収益獲得又は（Ａ**費用削減**）が（Ｂ**確実である**）ことが認められるという要件が満たされているか否かを判断する必要がある。」

自社利用のソフトウェアが将来の収益獲得又は費用削減が確実と認められる場合には無形固定資産に計上する。確実であると認められない場合又は確実であるかどうか不明の場合には、費用処理する。

解答６－a

市場販売目的のソフトウェアのバージョンアップの会計処理は下記の通りである。

①既存の製品に機能を追加し、又は操作性を向上させるなど、それほど大幅でないバージョンアップに要した支出は、資本的支出として資産計上される。

②製品の大部分を作り直すような大幅なバージョンアップは、新たなソフトウェアの制作として取り扱う。

解答７－d

次のような費用の額はソフトウェアの取得原価に算入しないことができる。

①自己の製作に係るソフトウェアの製作計画の変更等により、いわゆる仕損じがあったため不要となったことが明らかなものに係る費用の額

②研究開発費の額

③製作等のために要した間接費、付随費用等で、その合計額が製作原価のおおむね３％以内の金額であるもの

ソフトウェアの導入にあたって必要とされる設定作業及び自社の仕様に合わせるために行う付随的な修正作業等の費用の額は、取得価額に算入する。

解答８－a

「ソフトウェアの耐用年数は研究開発用のものが（Ａ**３年**）、複写して販売するための原本が（Ｂ**３年**）、その他のものが５年である。」

会計上は研究開発に伴うものは費用処理を行うが、税法上は３年間の定額法で処理を行う。「その他のもの」とは、研究開発用のものと複写して販売するための原本以外で自社利用目的のソフトウェアのことで５年間の定額法で処理を行う。

解答９－d

ソフトウェアの台帳管理の記入を誤るリスクは、台帳管理に関するリスクである。この場合、ソフトウェアの新規取得、除却等に関する証憑書類と管理台帳を突合し、記入の内容を確認する。

第2章

決算分野

問題

月次業績管理

問題１　月次決算に関する目的で最も適切でないものはどれか。

a　月次決算は、株主、会社債権者のために実施される。

b　月次決算については、特に法律の定めはない。

c　月次決算は、本決算実施の準備としての位置付けにある。

d　月次決算は、会社の経営管理の目的で実施する。

問題２　試算表で検証することができる誤りに関する記述で適切なものはどれか。

A　二重転記

B　記帳漏れ

a　A

b　B

c　A、B両方とも適切である。

d　A、B両方とも適切でない。

問題３　為替の変動に関する解説で（　）内に入る語句の組み合わせとして最も適切なものはどれか。

「円高は輸出を行っている場合に円換算した売上代金が（ A ）することになるため不利に働き、輸入を行っている場合には仕入代金の支払いが（ B ）するので有利に働く。」

a　A　増加　　B　増加

b　A　増加　　B　減少

c　A　減少　　B　増加

d　A　減少　　B　減少

問題４　月次決算のポイントに関する以下の事項で適切なものはいくつあるか。

I　正確性と迅速性

Ⅱ　予算と実績の比較分析
Ⅲ　前年実績等との比較
Ⅳ　資金繰り

a　1つ
b　2つ
c　3つ
d　4つ

問題5　予算対比資料作成の留意点に関する記述で適切でないものはどれか。

a　月次ベース及び累計ベースの予算実績比較データを作成し、各部門に増減分析を依頼する。
b　月別計画は、年度予算又は半年予算を月単位に展開し、迅速性の観点から単純に年割、半年割の金額を用いる。
c　各部門で増減分析の結果、目標達成への問題等が生じた場合には、対応策も併せて検討し、業績報告において経営者の承認を得られるようにする。
d　各部門からの情報をもとに全体としてポイントを絞った増減分析資料を作成する。

問題6　一般的に月次決算で作成される主な資料として適切でないものはどれか。

a　貸借対照表
b　損益計算書
c　株主資本等変動計算書
d　資金繰実績表

問題7　予算見直しの留意点に関する記述で最も適切でないものはどれか。

a　市場の変化等も見直しの際に考慮すべきである。
b　月次決算での問題点の解消施策や経営状況の改善施策を織り込んだ修正計画案を策定する。
c　予算全般の見直しは、修正項目を絞って実施すべきである。
d　年度予算の見直しは、月次決算ごとに実施すべきである。

問題8　予算見直しに関するリスクに対するコントロールについての解説で（　）内に入る語句の組み合わせとして最も適切なものはどれか。

「担当者はマネジメントによる見直し予算案や関係部門の見直し予算案の（ A ）を十分に検証し、（ B ）の確認を行う。」

a　A　期間配分　　B　実現性
b　A　期間配分　　B　客観性
c　A　策定根拠　　B　実現性
d　A　策定根拠　　B　客観性

単体決算業務

問題1　年次決算のスケジュールを策定する際に留意すべき点について適切でないものはどれか。

a　株主総会の開催日
b　消費税・法人税の申告納付期限
c　決算発表予定日
d　債権の回収予定日

問題2　決算方針の検討が必要な項目で適切でないものはどれか。

a　貸倒引当金の設定
b　減価償却の方法
c　棚卸資産の評価
d　利息支払いの処理

問題3　次の引当金の解説で（　）内に入る語句の組み合わせとして最も適切なものはどれか。

「将来の（ A ）または負債の増加に備えて、その合理的な見積額のうち（ B ）額を費用または損失として計上するために設定される（ C ）科目をいう。」

a　A　資産の減少　B　当期の負担に属する　C　貸方
b　A　資産の増加　B　翌期の負担に属する　C　借方
c　A　資産の増加　B　翌期に見込まれる　C　借方
d　A　資産の減少　B　翌期に見込まれる　C　貸方

問題4　税法上の引当金として認められているものはどれか。

a　貸倒引当金

b　製品保証引当金

c　退職給付引当金

d　修繕引当金

問題5　経過勘定項目（A）とその説明（B）に関する組み合わせのうち正しいものはどれか。

Ⅰ	A　前払費用	B　既に給付の完了を確認しているが、請求書未着等により支払処理が確定しないもの。
Ⅱ	A　前受収益	B　既に入金したが、当期収益としないもの。
Ⅲ	A　未収収益	B　既に収益が確定しているが、請求処理等ができないもの。
Ⅳ	A　未払費用	B　既に支出済みだが、翌期の費用に相当するもの。

a　Ⅰ

b　ⅠとⅡ

c　ⅡとⅢ

d　Ⅳ

問題6　未収収益と未払費用は、それぞれ貸借対照表のどこに計上されるか。

a　どちらも資産の部

b　どちらも負債の部

c　未収収益は資産の部、未払費用は負債の部

d　未収収益は負債の部、未払費用は資産の部

問題7　前受収益と前払費用は、それぞれ貸借対照表のどこに計上されるか。

a　どちらも資産の部

b　どちらも負債の部

c　前受収益は資産の部、前払費用は負債の部

d　前受収益は負債の部、前払費用は資産の部

問題８　退職給付における次の文章の（　）内に入る語句の組み合わせとして、最も適切なものはどれか。

「（ A ）とは、退職時に見込まれる退職給付の総額のうち、当期の負担に属する額の現在価値をいう。（ B ）を採用している場合には、退職給付に充てるために積み立てられている資産の額（年金資産）を控除した額が（ C ）計上額となる。」

a　A　退職給付引当金　B　企業年金制度　C　勤務費用
b　A　退職給付引当金　B　国民年金制度　C　退職給付費用
c　A　退職給付債務　B　企業年金制度　C　退職給付引当金
d　A　退職給付債務　B　国民年金制度　C　数理計算上の差異

問題９　株主総会に関する解説で（　）内に入る語句の組み合わせとして最も適切なものはどれか。

「会社は、少なくとも毎年１回は、一定の時期に株主総会を開催する必要があり、この株主総会を（ A ）という。通常、代表取締役が株主に対して、計算書類等を提出したうえで、事業報告について内容を（ B ）し、貸借対照表、損益計算書、株主資本変動計算書、注記表について総会の（ C ）を受ける。」

a　A　臨時株主総会　B　報告　C　承認
b　A　通常株主総会　B　吟味　C　審査
c　A　定時株主総会　B　報告　C　承認
d　A　定時株主総会　B　吟味　C　報告

問題10　決算公告に関する解説で（　）内に入る語句の組み合わせとして最も適切なものはどれか。

「会社の代表取締役は、株主総会で承認された後、（ A ）貸借対照表（大会社は貸借対照表及び損益計算書）かその要旨を定款に定められた方法により、新聞や官報又は電子公告する。ただし、（ B ）は、公告は不要となる。」

a　A　一定期間内に　B　有価証券報告書提出会社
b　A　１ヵ月以内に　B　取締役会設置会社
c　A　一定期間内に　B　委員会設置会社
d　A　遅滞なく　B　有価証券報告書提出会社

問題11　指名委員会等設置会社に関する解説で（　）内に入る語句の組み合わせとして最も適切なものはどれか。

「指名委員会等設置会社では、取締役会の中に（ A ）委員会・監査委員会・報酬委員会という３つの委員会と業務を執行する執行役が置かれ、（ B ）を置くことができない。」

a　A　選任　　　B　会計監査人
b　A　指名　　　B　監査役
c　A　指名　　　B　会計監査人
d　A　選任　　　B　監査役

問題12　会計監査人に関する解説で（　）内に入る語句の組み合わせとして最も適切なものはどれか。

「大会社の決算手続きにおいて、（ A ）に定める貸借対照表、損益計算書、株主資本等変動計算書、注記表、これらの附属明細書について、監査役監査のほかに監査するものをいう。（　B　）がこれにあたる。」

a　A　金融商品取引法　　　B　税理士
b　A　金融商品取引法　　　B　監査法人・公認会計士
c　A　会社法　　　B　監査法人・公認会計士
d　A　会社法　　　B　会計参与

問題13　決算時における仮勘定の記述で適切でないものはどれか。

a　決算時点で未完成の固定資産は、建設仮勘定から当該資産科目へ振替処理を行う。
b　仮払金や仮受金は、本来の科目への振替処理を行う。
c　仮勘定は月次決算で精算していることが望ましい。
d　ソフトウェア仮勘定はソフトウェアが完成した時点でソフトウェア勘定へ振替処理を行う。

問題14　会社法上の役員に関する項目で該当しないものはどれか。

a　取締役
b　会計参与
c　監査役
d　執行役

問題15　株式会社において設置が義務付けられている絶対的必要機関に関する組み合わせのうち正しいものはどれか。

Ⅰ　株主総会
Ⅱ　取締役会
Ⅲ　取締役
Ⅳ　監査役

a　ⅠとⅡ
b　ⅠとⅢ
c　ⅡとⅢ
d　ⅡとⅣ

問題16　会社法上の機関構成で適切でないものはどれか。

a　取締役会設置会社かつ監査役設置会社
b　指名委員会等設置会社かつ監査役設置会社
c　会計監査人設置会社かつ委員会設置会社
d　取締役会設置会社かつ会計監査人設置会社

問題17　配当方針の策定に関する記述で適切なものはどれか。

a　配当は年２回までと定められている。
b　当期の利益がない場合は配当ができない。
c　決算予測に基づく配当可能利益の算定が必要である。
d　取締役会では配当に関する決議はできない。

問題18　単体決算における決算手続きのリスクに関する記述で適切でないものはどれか。

a　棚卸結果に基づき算出した在庫金額を誤り、売上原価の算定を誤る。
b　会計処理、開示等に関する会計基準・法令・諸規則の新規公表・変更が決算に反映されない。
c　経過計算を誤り、期間配分を誤る。
d　仮勘定の内容確認を誤り、整理科目を誤る。

連結決算業務

問題１　連結決算日に関する解説で（　）内に入る語句の組み合わせとして最も適切なものはどれか。

「連結財務諸表は、（ A ）の決算日を連結決算日として作成する。なお、子会社の決算日が連結決算日と異なる場合には、子会社は、連結決算日において、正規の決算に準ずる合理的な手続きに従って、新たな決算を行わなければならない。ただし、連結決算日と子会社との決算日との差異が（ B ）以内の場合は、新たに決算を行わないで連結することが認められる。」

a	A	親会社	B	3ヵ月
b	A	親会社	B	5ヵ月
c	A	関係会社	B	1ヵ月
d	A	関係会社	B	3ヵ月

問題２　子会社の範囲に関する解説で（　）内に入る語句の組み合わせとして最も適切なものはどれか。

「子会社に含めるかどうかは単に議決権の（ A ）を所有しているかどうかで判断するのではなく、実質的に支配しているかどうかで判断を行う。（ B ）の議決権を所有している会社で（ C ）を派遣し、（ C ）会構成員の過半数を占めている場合や、営業上の重要な契約や資金援助を通して実質的に他の会社を支配している場合には、連結対象子会社となる。」

a	A	過半数	B	30%以上	C	監査役
b	A	50%以上	B	30%以上	C	監査役
c	A	50%以上	B	40%以上	C	取締役
d	A	過半数	B	40%以上	C	取締役

問題３　連結の範囲に関する記述のうち適切でないものはどれか。

a　親会社は、原則としてすべての子会社を連結の範囲に含めなければならない。

b　子会社であっても、支配が一時的であると認められる会社は連結の範囲に含めない。

c　子会社であっても、連結することにより利害関係者の判断を著しく誤らせるおそれのある会社は連結の範囲に含めない。

d　子会社であって、その資産、売上高等の規模につき重要性が乏しい場合は、連結の範囲に含めない。

問題4　連結決算業務に関する解説で（　）内に入る語句の組み合わせとして最も適切なものはどれか。

「連結財務諸表は、親会社を中心とする企業集団を単一の組織体とみなして作成する。子会社に対しては原則として（ A ）を適用し、関連会社や非連結子会社に対しては（ B ）を適用する。」

a　A　連結法　　　　B　持分プーリング法
b　A　パーチェス法　B　持分プーリング法
c　A　パーチェス法　B　持分法
d　A　連結法　　　　B　持分法

問題5　持分法適用会社に関する解説で（　）内に入る語句の組み合わせとして最も適切なものはどれか。

「議決権所有割合に加え、（ A ）の議決権を所有している他の会社等であって、役員派遣等により当該他の会社等の財務、営業又は事業の方針の決定に影響を与えることができる場合には、実質的に（ B ）を行使し得ると判定される。」

a　A　15%以上　B　影響力
b　A　5%以上　B　支配力
c　A　20%以上　B　影響力
d　A　15%以上　B　支配力

問題6　次のうち連結財務諸表でないものはどれか。

a　連結貸借対照表
b　連結株主資本等変動計算書
c　連結精算表
d　連結キャッシュ・フロー計算書

問題7　下記の資料に基づいた場合、のれんの金額はいくらか。

(資料)

①P社は、S社の発行済議決権株式の70%を120,000千円で取得した。

②S社の貸借対照表は以下のとおりである。

S社　貸借対照表（単位：千円）

諸資産	300,000	諸負債	150,000
		資本金	100,000
		剰余金	50,000
	300,000		300,000

a　15,000

b　20,000

c　30,000

d　90,000

問題8　連結貸借対照表の項目に関する記述のうち適切でないものはどれか。

a　非支配株主持分は純資産の部に計上される。

b　のれんは無形固定資産に計上される。

c　保有自己株式は、流動資産に計上される。

d　親会社が子会社の株式を100%保有していれば非支配株主持分は生じない。

問題9　連結損益計算書の項目に関する記述のうち適切なものはどれか。

a　持分法による投資損益は、販売費及び一般管理費と営業外収益に計上される。

b　非支配株主利益は、当期純利益の直前に計上される。

c　のれんの償却額は、営業外損益に計上される。

d　法人税等調整額は特別損益に計上される。

問題10　連結財務諸表の作成にあたり、外貨建財務諸表項目の換算について、適切でないものはどれか。

a　資産及び負債は、決算時の為替相場で換算する。

b　資産、負債及び株主資本は、決算時の為替相場で換算する。

c　収益及び費用は、期中平均相場で換算する。

d　収益及び費用は、決算時の為替相場で換算する。

問題11　決算手続きについて関係者への伝達が行われず、誤った会計方針が適用されるというリスクに対するコントロールに関する記述で適切なものはどれか。

a　決算発表、連結パッケージ収集日、作業日程等を十分に精査し、スケジュールを策定するとともに、連結対象会社に周知徹底する。

b　各社の個別財務データと連結精算表を突合し、内容を確認する。

c　関係会社の決算実施体制を把握し、決算方針の変更や決算手続きの見直しをサポートする。

d　決算手続きを連結決算業務マニュアル等に反映し、連結対象会社に周知徹底する。

問題12　以下の資料のもとで、連結修正仕訳を行う場合、適切なものはどれか。

（資料）
子会社の期末棚卸資産のうち親会社より仕入れたもの：200,000円
親会社の売上総利益率：20％
親会社は子会社株式の70％を保有している

a	（借）	棚卸資産	40,000	（貸）	売上原価	40,000
b	（借）	棚卸資産	60,000	（貸）	売上原価	60,000
c	（借）	売上原価	60,000	（貸）	棚卸資産	60,000
d	（借）	売上原価	40,000	（貸）	棚卸資産	40,000

外部開示業務

問題１　決算短信は、どのルールに基づいて開示が求められているか。

a　金融商品取引法

b　証券取引所の上場規程

c　法人税法

d　会社法

問題２　連結財務諸表作成会社が決算短信に添付する個別財務諸表のうち、不要なものはどれか。

a　キャッシュ・フロー計算書

b　株主資本等変動計算書

c　損益計算書

d　貸借対照表

問題3　金融商品取引法に基づく外部開示に関する記述で適切なものはどれか。

a　有価証券報告書の開示は義務であるが、半期報告書の開示は任意である。

b　有価証券報告書、半期報告書によって、財務諸表が開示される。

c　有価証券報告書における財務諸表は、連結財務諸表のみの開示でよい。

d　有価証券報告書はEDINETを通じて、財務大臣宛に提出する。

問題4　財務諸表の開示について適切でないものはどれか。

a　連結財務諸表は、親会社が作成する。

b　金融商品取引法では、有価証券報告書、半期報告書の作成が求められる。

c　会社法では、四半期計算書類の作成は求められていない。

d　会社法では、個別計算書類の作成開示のみ要求され、連結計算書類の作成開示は要求されることはない。

問題5　金融商品取引法において、有価証券報告書等の開示書類に関するシステムはどれか。

a　EDINET

b　TDnet

c　EDGAR

d　e-Tax

問題6　会社法に基づく外部開示に関する記述で適切でないものはどれか。

a　取締役会設置会社では計算書類は定時株主総会の承認を受ける必要がある。

b　会計監査人設置会社では計算書類の株主総会の承認は不要である。

c　定時株主総会の終了後、すべての会社は貸借対照表と損益計算書を公告しなければならない。

d　事業報告には、計算書類及び附属明細書に書かれていない当該会社の状況に関する重要な事項を記載する。

問題7　アニュアルレポートに関する記述で適切でないものはどれか。

a　アニュアルレポートは投資判断を促すために制作・発行される。

b　アニュアルレポートは法定開示書類でないため、開示の義務はない。

c　アニュアルレポートは法定開示書類でないが、形式は規定に従う必要がある。

d　アニュアルレポートは監査法人や公認会計士による監査は不要である。

問題８　外部開示業務における有価証券報告書作成のリスクに関する記述で適切でないものはどれか。

a　財務諸表規則や開示基準の変更等に対応していない不完全な財務諸表が表示される。

b　証券取引所が定めた適時開示規則や様式の変更等、開示制度の改正に対応していない、不完全な財務諸表が表示される。

c　定性資料について、内容に誤りがあるものが作成される。

d　監査対応が遅れ、予定の期日に監査報告書を受領できない。

問題９　会社法で定められている決算取締役会において、取締役会による承認が行われないというリスクに対するコントロールに関する記述はどれか。

a　取締役会規程等に基づき、監査後の会社法決算を取締役会等に付議し、内容説明・質疑応答等を行う。

b　決算取締役会付議の日程を踏まえた監査スケジュールを作成し、予定通りに監査が進むよう、随時進捗管理を実施する。

c　各計算書類について、前期実績・決算見込み等との比較・変動分析を行い、異常仕訳等がないことを確認する。

d　株主総会招集通知ドラフトの財務諸表の数値と会社法計算書類を突合し、招集通知の内容を確認する。

解答解説

月次業績管理

解答1－a

月次決算はあくまで会社内部の処理であり、企業の経営管理の目的で実施され、特に法律による規制はない。また、本決算を適切に実施するための準備となる。株主や債権者のためには、会社法、金融商品取引法等の法規制に裏付けされた本決算が必要である。

解答2－d

決算に入る前に、仕訳帳から総勘定元帳への転記が正しいかどうかを確認するために試算表を作成する。仕訳は借方と貸方に分ける作業のため、それを転記して集計した試算表の借方合計と貸方合計は必ず一致するはずである。一致しない場合は誤りがあることになる。よって、試算表で発見できる誤りは貸借が一致しないものに限られる。二重転記をした場合も、記帳漏れがあった場合も貸借の金額の差異を生み出す誤りではないので試算表ではみつけることができない。

解答3－d

「円高は輸出を行っている場合に円換算した売上代金が（A**減少**）することになるため不利に働き、輸入を行っている場合には仕入代金の支払いが（B**減少**）するので有利に働く。」

為替は常に変動しているので、月次決算を行うにあたってどのタイミングのレートを使用するかはあらかじめ定めておく必要がある。円高は円の価値が上昇していることを意味する。輸出で外貨を稼いでも円が高いために換算後に獲得できる円は減少することになり、輸出業には不利に働く。輸入の場合は少ない円で多くの外貨を獲得できることになり支払額が減少するので、輸入業には有利に働く。

解答4－d

問題文の項目は、すべて月次決算で考慮すべき内容である。

月次決算のポイントについては以下のような内容があげられる。

①正確性と迅速性：毎月実施するスケジュールと実施内容をマニュアル化する等、作業の標準化・統一化を図る

②予算と実績の比較分析：予算と実績の差異分析をすることにより経営状況の判断が可能となる。会社全体だけではなく部門別、商品別、市場別等の細分化した単位でも実施すべきである。

③前年実績等との比較：対前年実績との比較や時系列比較によって問題点を抽出することが可能となる。

④資金繰り：売掛金の回収予定、借入金の返済予定、買掛金の支払予定等入出金状況を把握する。

解答5－b

月別計画は、年度予算又は半年予算を月単位に展開するが、迅速性のみで判断することはなく、季節変動や販売戦略等を考慮する必要がある。

解答6－c

一般的に月次決算で作成される主な資料は次の通りである。

・月次貸借対照表
・月次損益計算書
・部門別損益計算書
・資金繰実績表

解答7－d

予算の見直しは、その対象項目、時期など企業により差がある。しかし、月次決算に基づく実績と予算の差異を把握すべきではあるが、それをもって毎月予算の見直しを行うことは事務手続き上も煩雑となり妥当とはいえない。予算見直しは、大きな環境変化が生じ業績変化予想される場合や、四半期、半期といった期間で実施すべきである。

解答8－c

「担当者はマネジメントによる見直し予算案や関係部門の見直し予算案の（A**策定根拠**）を十分に検証し、（B**実現性**）の確認を行う。」

担当者はマネジメントによる見直し予算案が実現不可能で、現実的でないものになるのを回避するため、策定根拠を十分検証し実現性を確認する必要がある。

単体決算業務

解答1－d

決算スケジュールを策定する際には、決算発表予定日、各税金の申告納付期限、監査役への書類提出日、株主総会の開催日を考慮する必要がある。

解答2－d

支払利息については、前払いと未払い等の経過勘定は決算で考慮する必要があるが、利払いは期中の処理である。

解答3－a

「将来の（A**資産の減少**）または負債の増加に備えて、その合理的な見積額のうち（B**当期の負担に属する**）額を費用または損失として計上するために設定される（C**貸方**）科目をいう。」

引当金とは将来の資産の減少または負債に備えると同時に、当期に発生しているものは当期に費用計上することによって収益と対応させて適正な期間損益計算を可能にしている。会計上の引当金計上の用件は次の４つである。

①将来の特定の費用または損失
②発生が当期以前の事象に起因している
③発生の可能性が高い
④金額が合理的に見積り可能

解答4－a

税法では、将来の見積りをベースにした引当金経理を無制限に認められておらず、貸倒引当金のみが認められている。

解答5－c

各項目の内容は以下のとおりである。

①前払費用とは、一定の契約に従い、継続して役務の提供を受ける場合、いまだ提供されていない役務に対し支払われた対価である。
②前受収益とは、一定の契約に従い、継続して役務の提供を行う場合、いまだ提供していない役務に対し支払いを受けた対価である。
③未払費用とは、一定の契約に従い、継続して役務の提供を受ける場合、既に提供された役務に対していまだその対価の支払いが終わらないものである。
④未収収益とは、一定の契約に従い、継続して役務の提供を行う場合、既に提供した役務に対していまだその対価の支払いを受けていないものである。

解答6－c

未収収益は既に提供した役務に対しいまだその対価の支払いを受けていないもの。すなわち、翌期に対価を受け取る権利があるということで資産となる。

未払費用は既に提供された役務に対しいまだその対価の支払いが終わらないもの。すなわち、翌期に対価を支払わなければいけない義務があるということで負債となる。

解答7－d

前受収益はいまだ提供していない役務に対し支払いを受けた対価である。すなわち、翌期に役務を提供しなければいけない義務があるということで負債となる。

前払費用はいまだ提供されていない役務に対し支払われた対価である。すなわち、翌期に役務の提供を受ける権利があるということで資産となる。

解答8－c

「（A**退職給付債務**）とは、退職時に見込まれる退職給付の総額のうち、当期の負担に属する額の現在価値をいう。（B**企業年金制度**）を採用している場合には、退職給付に充てるために積み立てられている資産の額（年金資産）を控除した額が（C**退職給付引当金**）計上額となる。」

退職給付は退職一時金と退職年金とに分かれる。退職年金は企業外部の第三者機関に委託することが多く、そこでは年金資産として積み立てられ、それを運用することによって年金資産が増加することを期待する。

企業は年金資産の運用機関に掛金を支払っていれば、年金資産の運用機関で退職者に退職年金を支払ってくれるので、掛金の支払いをもって退職金の支払いと捉えていればよいはずである。しかし、運用が失敗してしまう等の理由により年金資産が減ってしまった場合は、年金資産で足りない部分については企業に支払い義務が生じる。よって、退職給付引当金として引き当てるのは一時金と年金を合わせた退職給付債務から年金資産を控除した額となる。

解答9－c

「会社は、少なくとも毎年１回は、一定の時期に株主総会を開催する必要があり、この株主総会を（A**定時株主総会**）という。通常、代表取締役が株主に対して、計算書類等を提出したうえで、事業報告について内容を（B**報告**）し、貸借対照表、損益計算書、株主資本変動計算書、注記表について総会の（C**承認**）を受ける。」

計算書類については、定時株主総会の承認を受ける必要があるが、事業報告については、その内容を報告すれば足りる。なお、取締役会を設置している会計監査人設置会社では、株主総会による計算書類の承認につき特則が認められており、計算書類が法令及び定款に従い株式会社の財産及び損益の状況を正しく表示しているものとして一定の要件を満たす場合には定時株主総会の承認は不要とされており、取締役会の承認により計算書類が確定する。この場合、取締役は、計算書類の内容を定時株主総会に報告する必要がある。

解答10－d

「会社の代表取締役は、株主総会で承認された後、（A**遅滞なく**）貸借対照表（大会社は貸借対照表及び損益計算書）かその要旨を定款に定められた方法により、新聞や官報又は電子公告する。ただし、（B**有価証券報告書提出会社**）は、公告は不要となる。」

会社法では、株式会社は定時株主総会の実施後、貸借対照表を公告することが求められている。大会社については貸借対照表だけでなく損益計算書も公告する必要がある。なお、有価証券報告書の提出が義務付けられている株式会社については、EDINET 等による開示により詳細な情報が開示されているため、会社法に基づく決算公告は義務付けられていない。

解答11－b

「指名委員会等設置会社では、取締役会の中に（A**指名**）委員会・監査委員会・報酬委員会という３つの委員会と業務を執行する執行役が置かれ、（B**監査役**）を置くことができない。」

≪指名委員会等設置会社の特徴≫　指名・監査・報酬委員会

①取締役会、会計監査人は必ず設置

②監督は取締役、業務執行は執行役

③取締役と執行役の兼任可能　任期は１年以内

④代表取締役、監査役なし → 代表執行役と監査委員会

⑤各委員会は、３名以上の取締役で構成　過半数は社外取締役

⑥監査委員会では、執行役兼取締役が委員となることは不可

解答12－c

「大会社の決算手続きにおいて、（A**会社法**）に定める貸借対照表、損益計算書、株主資本等変動計算書、注記表、これらの附属明細書について、監査役監査のほかに監査するものをいう。（B**監査法人・公認会計士**）がこれにあたる。」

会計監査人設置会社では、計算書類等について監査役の監査を受ける必要があり、計算書類及びその附属明細書については会計監査人の監査を受ける必要がある。なお、会社法では、事業報告及びその附属明細書については会計監査人による監査の対象とはされていない。

解答13－a

未完成の固定資産は、固定資産が完成し、引渡しを受けた時点で当該資産科目へ振替処理を行う。

解答14－d

会社法上の役員は、取締役、監査役、会計参与の３者である。執行役は、他の３者と同様、登記の対象となるが、法律上は業務の執行担当であり役員という位置付けにはない。

解答15－b

会社法では、株式会社の機関として株主総会と取締役は必ず設置が必要である。その他の取締役会、監査役、監査役会、会計参与、会計監査人、委員会等は一定のルールのもとに定款に規定することにより任意に設置することができる。なお、公開会社かつ大会社では、取締役会、監査役会及び会計監査人を設置する場合か委員会設置会社を設置する場合に限られている。

解答16－b

指名委員会等設置会社では、監査委員会が設置され、取締役・執行役の職務執行の監査等を実施するため監査役は設置不要である。

解答17－c

配当方針を策定するためには、当期の決算予測による当期純利益から会社法で定められている配当可能利益を算定し、配当可能額を試算する必要がある。

a　剰余金の配当は株主総会の決議があれば回数に制限はない。

b　当期の利益がない場合でも過年度の利益計上により利益剰余金の残高があれば配当できる。

d　会社法では、下記のすべての要件を満たす場合には取締役会で剰余金の配当が決議できる。

・会計監査人を設置する会社

・取締役の任期を１年とする会社

・監査役会設置会社、監査等委員会又は指名委員会等設置会社

解答18－b

会計基準等の新規公表、変更が決算に反映されないのは、事前準備に関するリスクである。この場合、会計基準・法令・諸規則の新規公表、変更を適時に漏れなく把握し、決算方針を策定するとともに社内に周知徹底する必要がある。

連結決算業務

解答1－a

「連結財務諸表は、(A**親会社**) の決算日を連結決算日として作成する。なお、子会社の決算日が連結決算日と異なる場合には、子会社は、連結決算日において、正規の決算に準ずる合理的な手続きに従って、新たな決算を行わなければならない。ただし、連結決算日と子会社との決算日との差異が（B**3ヵ月**）以内の場合は、新たに決算を行わないで連結することが認められる。」

連結財務諸表は、親会社の事業年度の末日を連結決算日として作成する。なお、親会社と連結子会社の決算日が異なる場合には以下のように対応する。

①連結子会社の決算日を親会社の決算日に一致するように変更する。

②連結決算日において、連結子会社に仮決算を行わせる。

③決算日の異なる連結子会社の決算書をそのまま利用する。ただし、決算日が異なることから生じる連結会社間の取引の重要な差異については、連結決算において修正を行う。

解答2－d

「子会社に含めるかどうかは単に議決権の（A**過半数**）を所有しているかどうかで判断するのではなく、実質的に支配しているかどうかで判断を行う。(B**40%以上**）の議決権を所有している会社で（C**取締役**）を派遣し、(C**取締役**)会構成員の過半数を占めている場合や、営業上の重要な契約や資金援助を通して実質的に他の会社を支配している場合には、連結対象子会社となる。」

子会社の具体的な判断基準は次のように規定されている。

①他の会社の議決権の過半数を実質的に所有している場合。

②他の会社に対する議決権の所有割合が50%以下であっても、高い比率の議決権（40%以上50%以下）を有しており、次のような当該他の会社の意思決定機関を支配している一定の事実が認められる場合。

(a) 議決権を行使しない株主が存在することにより、株主総会において議決権の過半数を継続的に占めることができると認められる場合

（b）役員、関連会社などの協力的な株主の存在により、株主総会において議決権の過半数を継続的に占めることができると認められる場合
（c）役員もしくは従業員である者、又は、これらであった者が取締役会の構成員の過半数を継続して占めている場合
（d）重要な財務及び営業の方針決定を支配する契約等が存在する場合

解答3－d

親会社は、原則として、すべての子会社を連結の範囲に含めなければならない。ただし、次に該当する会社は連結の範囲に含めてはならない。

①財務及び営業又は事業の方針を決定する機関に対する支配が一時的であると認められる子会社
②連結の範囲に含めることにより、連結財務諸表提出会社の利害関係者の判断を著しく誤らせるおそれがあると認められる子会社

さらに、子会社であって、その資産、売上高、利益、利益剰余金につき重要性が乏しい場合は連結の範囲に含めないことができる。

解答4－d

「連結財務諸表は、親会社を中心とする企業集団を単一の組織体とみなして作成する。子会社に対しては原則として（A**連結法**）を適用し、関連会社や非連結子会社に対しては（B**持分法**）を適用する。」

財務諸表提出会社は、支配が一時的であると認められる会社、連結することにより利害関係者の判断を著しく誤らせるおそれのある会社を除き、原則としてすべての子会社を連結の範囲に含めなければならない。連結法とは親会社と子会社の財務諸表を全て合算した上で、非支配株主持分を控除することによって連結グループの財務諸表を作成する方法である。

また、非連結子会社及び関連会社に対する投資については、財務及び営業又は事業の方針の決定に対する影響が一時的であると認められる会社、持分法を適用することにより利害関係者の判断を著しく誤らせるおそれのある会社を除き、原則として持分法を適用しなければならない。持分法とは親会社持分のみを合算することによって連結グループの財務諸表を作成する方法である。

解答5－a

「議決権所有割合に加え、（A**15%以上**）の議決権を所有している他の会社等であって、役員派遣等により当該他の会社等の財務、営業又は事業の方針の決定に影響を与えることができる場合には、実質的に（B**影響力**）を行使し得

ると判定される。」

持分法適用会社の具体的な判断基準は次のように規定されている。

①子会社以外の他の会社の議決権の20％以上50％以下を所有している場合

②他の会社に対する議決権の所有割合が20％未満であっても、一定の議決権（15％以上20％未満）を有しており、かつ、当該他の会社の財務及び営業の方針決定に対して、重要な影響を与えることができる一定の事実が認められる場合

解答6－c

連結財務諸表は、連結貸借対照表、連結損益計算書、連結包括利益計算書、連結株主資本等変動計算書、連結キャッシュ・フロー計算書により構成されている。

解答7－a

S社純資産

資本金	100,000
剰余金	50,000

←（100,000＋50,000）×70％＝105,000と、P社投資額120,000との差額15,000が「のれん」となる。

解答8－c

自己株式は、純資産の部の株主資本の内訳項目として計上される。連結貸借対照表の簡略化した様式は以下のとおりである。

連結貸借対照表

資産の部			負債の部		
Ⅰ流動資産		×××	Ⅰ流動負債		×××
Ⅱ固定資産			Ⅱ固定負債		×××
(1) 有形固定資産	×××		負債合計		×××
(2) 無形固定資産	×××		純資産の部		
(のれん)			Ⅰ株主資本		
(3) 投資その他の資産	×××		1.資本金	×××	
固定資産合計		×××	2.資本剰余金	×××	
Ⅲ繰延資産		×××	3.利益剰余金	×××	
			4.自己株式	△×××	
			株主資本合計		×××
			Ⅱその他の包括利益累計額		
			1.その他有価証券評価差額金	×××	
			2.繰延ヘッジ損益	×××	
			3.土地再評価差額金	×××	
			4.為替換算調整勘定	×××	
			その他の包括利益累計額合計		×××
			Ⅲ新株予約権		×××
			Ⅳ非支配株主持分		×××
			純資産合計		×××
資産合計		×××	負債・純資産合計		×××

解答9－b

a　持分法による投資損益は、営業外収益か営業外費用に計上される。

c　のれんの償却額は、販売費及び一般管理費に計上される。

d　法人税等調整額は法人税等の調整項目である。

連結損益計算書の簡略化した様式は以下のとおりである。

連結損益計算書

Ⅰ	売上高		×××
Ⅱ	売上原価		×××
	売上総利益		×××
Ⅲ	販売費及び一般管理費		×××
	（のれん償却額）		
	営業利益		×××
Ⅳ	営業外収益		×××
	（持分法による投資利益）		
Ⅴ	営業外費用		×××
	（持分法による投資損失）		
	経常利益		×××
Ⅵ	特別利益		×××
	（負ののれん発生益）		
Ⅶ	特別損失		×××
	税金等調整前当期純利益		×××
	法人税、住民税及び事業税	×××	
	法人税等調整額	×××	×××
	非支配株主損益		×××
	当期純利益		×××

解答10－b

連結財務諸表の作成にあたり、外貨建財務諸表項目は以下の為替相場で換算する。

・資産及び負債…決算時の為替相場

・株主資本　　…取得時の為替相場又は発生時の為替相場

・収益及び費用…期中平均相場（原則）又は決算時の為替相場（容認）

解答11－d

ａは連結決算スケジュールが設定されておらず、不正確・不完全な財務諸表が作成されるリスクに対するコントロールである。ｂは調整前の連結精算表等の検証が行われず、誤った財務諸表が作成されるリスクに対するコントロールである。ｃは関係会社が決算報告を誤る、または、報告期日に間に合わないリスクに対するコントロールである。

解答12－d

子会社の期末棚卸資産のうち、親会社から仕入れたものがある場合は、未実現利益を消去する。

期末棚卸資産200,000円　×　20％（親会社の売上総利益率）　＝　40,000円

仕訳は　（借）　売上原価　40,000　　（貸）　棚卸資産　40,000　となる。

外部開示業務

解答1－b

決算短信は、法律ではなく証券取引所の上場規程に基づいて開示が求められるものである。

決算短信は証券取引所において決算発表に際して開示される情報である。年度決算については決算短信、四半期決算については四半期財務・業績の概況が作成される。

解答2－a

連結財務諸表作成会社は、連結ベースの貸借対照表、損益計算書、株主資本等変動計算書、キャッシュ・フロー計算書の4点の添付が要求されているが、個別ベースでは貸借対照表、損益計算書、株主資本等変動計算書の3点が要求されており、キャッシュ・フロー計算書は要求されていない。

解答3－b

有価証券報告書、半期報告書ともに開示義務があり、それぞれ財務諸表は連結、個別ともに開示をする。また、有価証券報告書は内閣総理大臣宛に提出する。

解答4－d

会社法では、大会社であって有価証券報告書の提出が義務付けられている会社については、連結計算書類を作成することが求められている。また、会計監査人設置会社では、任意に連結計算書類を作成することができる。

解答5－a

金融商品取引法では、現在電子開示システムによる開示が原則義務化されている。この電子開示システムは、EDINET（Electronic Disclosure for Investors' NETwork）といい、金融商品取引法上は「開示用電子情報処理組織」と定義されている。

また、有価証券報告書提出会社は、決算日から3ヵ月以内に、EDINETを通じて提出することが義務付けられている。

解答6－c

会社は定時株主総会終了後遅滞なく、貸借対照表を公告しなければならず、大会社については貸借対照表と損益計算書を公告しなければならない。

解答7－c

アニュアルレポートは法定開示書類でないため、形式は自由である。

解答8－b

証券取引所が定めた適時開示規則等に対応せず、不完全な財務諸表が表示されてしまうのは、決算短信提出に関するリスクである。この場合、適時開示規則の変更等について定期的にモニタリングし、変更があった場合は対応方針を策定する必要がある。

解答9－a

bは会計監査人及び監査役への監査対応が遅れ、予定の期日に監査報告書を受領できないリスクに対するコントロールである。cは会社法計算書類について、試算表からの組替を誤り、不正確な計算書類が作成されるリスクに対するコントロールである。dは計算書類の数値に誤りのある不正確な招集通知が作成されるリスクに対するコントロールである。

第3章

税務分野

問題

税効果計算業務

問題１　次の税効果会計に関する解説で（　）内に入る語句の組み合わせとして最も適切なものはどれか。

「企業会計における収益又は費用と、課税所得計算上の益金又は損金の（ A ）時期の相違等により、企業会計上の資産又は負債の額と課税所得計算上の資産又は負債の額に相違がある場合において、法人税その他利益に関連する金額を課税標準とする税金の額を適切に（ B ）することにより、法人税等を控除する前の（ C ）と法人税等を合理的に対応させることを目的とする会計手続きをいう。」

a	A	認識	B	対応計算	C	経常利益
b	A	計上	B	期間配分	C	経常利益
c	A	認識	B	期間配分	C	当期純利益
d	A	計上	B	対応計算	C	当期純利益

問題２　将来減算一時差異発生時の税効果会計の仕訳で正しいものはどれか。

a	（借）	繰延税金資産	××	（貸）	法人税等調整額	××
b	（借）	繰延税金負債	××	（貸）	法人税等調整額	××
c	（借）	繰延税金資産	××	（貸）	繰延税金負債	××
d	（借）	法人税等調整額	××	（貸）	繰延税金負債	××

問題３　税効果会計の対象とならない申告調整項目に関する次の組み合わせのうち、最も適切なものはどれか。

Ⅰ　交際費超過額
Ⅱ　評価損否認額
Ⅲ　寄附金超過額
Ⅳ　未払事業税

a　ⅠとⅡ
b　ⅠとⅢ
c　ⅡとⅢ
d　ⅢとⅣ

問題4　次の繰延税金資産に関する解説で（　）内に入る語句の組み合わせとして最も適切なものはどれか。

「会計上は、今期に払わなくてもよい税金についての（ A ）額を資産として計上したもの。会計上の費用（又は収益）と税法上の損金（又は益金）の認識時期の違いによる（ B ）を税効果会計によって調整することで生じる。」

a　A　前払い　　B　一時差異
b　A　前払い　　B　永久差異
c　A　後払い　　B　一時差異
d　A　後払い　　B　永久差異

問題5　次の欠損金に関する解説で（　）内に入る語句の組み合わせとして最も適切なものはどれか。

「欠損金とは、各事業年度の損金の額が益金の額を超える場合にその（ A ）部分の金額をいう。また、繰越欠損金とは、欠損金を翌期以降（ B ）間に発生する課税所得から控除するために繰り越したものである。」

a　A　超えない　　B　3年
b　A　超える　　B　3年
c　A　超える　　B　10年
d　A　超えない　　B　10年

問題6　引当金の繰入限度超過額の計上による一時差異に関する次の組み合わせのうち、最も適切なものはどれか。

Ⅰ　損益計算書に計上された法人税等の額が減額される。
Ⅱ　貸借対照表に、繰延税金資産が計上される。
Ⅲ　実際の支払税額が、減額される。
Ⅳ　貸借対照表に、繰延税金負債が計上される。

a　ⅠとⅡ
b　ⅠとⅢ
c　ⅡとⅢ
d　ⅢとⅣ

問題7　次の貸借対照表の表示に関する解説で（　）内に入る語句の組み合わせとして適切なものはどれか。

「繰延税金資産は（ A ）に、繰延税金負債は（ B ）に表示される。また、繰延税金資産と繰延税金負債は（ C ）表示される。」

a　A　流動資産　B　流動負債　C　総額で
b　A　有形固定資産　B　流動負債　C　相殺して
c　A　無形固定資産　B　固定負債　C　総額で
d　A　投資その他の資産　B　固定負債　C　相殺して

問題8　「繰延税金資産の計上を誤る」というリスクに対するコントロールに関する記述で適切なものはどれか。

a　あらかじめ直近の財務諸表と、前年度の確定申告書を確認し一時差異に該当する項目を把握する。
b　繰延税金負債の計上額と、将来加算一時差異に実効税率を乗じた金額を突合し、計上額を確認する。
c　あらかじめ前年度の法人税確定申告書を確認し、法人税法上の繰越欠損金残高を事業年度別に管理する。
d　繰延税金資産の計上額と、将来減算一時差異に実効税率を乗じた金額を突合し、計上額を確認する。

消費税申告業務

問題1　課税対象取引について適切でないものはどれか。

a　個人事業者の事業用機械の売却
b　メーカーによるステレオの輸入販売
c　法人による株式の売却の手数料
d　法人から使用人への乗用車の贈与

問題2　課税対象取引について適切なものはどれか。

a　内国法人による資産の譲渡又は貸付、役務の提供であること。
b　資産の譲渡等が反復・継続的に行われていること。
c　有償・無償を含め、対価を得て行われていること。
d　資産の譲渡には、商品の販売等のほか、設備等の有形固定資産の売却も含められるが、無形固定資産の売却は含まれない。

問題3　非課税取引について適切でないものはどれか。

a　住宅の譲渡
b　住宅の貸付
c　土地の譲渡
d　土地の貸付

問題4　次の取引のうち課税対象外（不課税取引）に該当するものはどれか。

A　給与
B　保険料
C　寄附金

a　Aのみ
b　A及びC
c　Cのみ
d　A、B、Cのすべて

問題5　基準期間に関する次の説明のうち適切でないものはどれか。なお、資本金は1,000万円未満である。また、特定期間における課税売上高は1,000万円以下であり、他の企業に支配されていないものとする。

a　１年決算法人の場合、基準期間は原則として前々事業年度を指す。
b　基準期間が１年に満たない場合、基準期間における課税売上高は、月割計算して１年間相当に換算した金額を用いる。
c　設立１期目は基準期間が存在しない。
d　設立２期目は設立１期目が基準期間となる。

問題6　次の課税売上割合の計算について適切でないものはどれか。

a　課税売上高は分子・分母の両方に含まれる。
b　課税売上高は税抜きで計算を行う
c　輸出免税売上高は分子・分母の両方に含まれる。
d　非課税売上高は分子・分母の両方に含まれる。

問題7　適格請求書等保存方式（インボイス制度）について適切でないものはどれか。

a　適格請求書は、登録を受けた事業者のみが交付できる。
b　売り手である適格請求書発行事業者は、適格請求書を交付する義務が生じる。

c　免税事業者や消費者など、適格請求書発行事業者以外の者からの課税仕入れは、原則として仕入税額控除の適用を受けることができない。

d　適格請求書発行事業者の基準期間の課税売上高が1,000万円以下になった場合は、消費税の申告は不要である。

問題8　簡易課税制度を適用した場合のみなし仕入率と事業に関する次の組み合わせのうち、最も適切なものはどれか。

	みなし仕入率		事業
Ⅰ	90%	Ⅴ	飲食業
Ⅱ	80%	Ⅵ	製造業
Ⅲ	70%	Ⅶ	卸売業
Ⅳ	60%	Ⅷ	小売業

a　ⅠとⅧ

b　ⅡとⅤ

c　ⅢとⅥ

d　ⅣとⅦ

問題9　簡易課税制度を選択できる納税者の基準期間の課税売上高の上限について適切なものはどれか。

a　3,000万円

b　5,000万円

c　1億円

d　2億円

問題10　課税期間が1年（3月決算）の会社における消費税の原則的な申告期限について適切なものはどれか。

a　3月31日

b　4月30日

c　5月31日

d　6月30日

問題11　適格請求書発行事業者に課される義務として適切なものはどれか。

A　適格請求書の交付
B　適格返還請求書の交付
C　交付した適格請求書の写しの保存

a　A、B、C
b　A、B
c　A、C
d　B、C

問題12　仕入税額控除を受けるために保存することとなる帳簿の原則的な保存期間について適切なものはどれか。

a　3年間
b　5年間
c　7年間
d　10年間

問題13　課税資産の譲渡等又は課税仕入れにおける本体価額と消費税が対応しないリスクに対するコントロールについて、次の（　）内に入る語句の組み合わせとして最も適切なものはどれか。

「課税売上げの額に占める（ A ）消費税の割合及び課税仕入れの額に占める（ B ）消費税の割合を確認し、あらかじめ定めた基準範囲を逸脱する場合はその理由を確認し、誤りは補正する。」

a　A　仮受　　B　仮払
b　A　未収　　B　未払
c　A　仮払　　B　仮受
d　A　未払　　B　未収

問題14　決算における消費税の処理を税抜経理方式で行った場合、正しい処理はどれか。なお、期中の課税対象取引について仕入額よりも売上額のほうが多かったものとし、中間納付は行っていない。

a	（借）	仮受消費税　××	（貸）	仮払消費税	××
				未払消費税	××

b	（借）	仮払消費税	××	（貸）	仮受消費税	××
					未払消費税	××
c	（借）	仮受消費税	××	（貸）	仮払消費税	××
		未収消費税	××			
d	（借）	仮払消費税	××	（貸）	仮受消費税	××
		未収消費税	××			

問題15　消費税申告業務における消費税納付手続のリスクに関する記述で適切でないものはどれか。

a　消費税の納付書の記載金額を誤り、納付額に過不足が生じる。

b　支払依頼の金額を誤り、消費税納付が正しく行われない。

c　消費税決済額と異なった消費税決済仕訳が計上される。

d　期中取引について消費税課税区分の判断を誤り、税区分ごとの集計金額を誤る。

問題16　適格請求書及び適格簡易請求書の記載事項として適切でないものはどれか。

a　適格請求書発行事業者の氏名又は名称及び登録番号

b　書類の交付を受ける事業者の氏名又は名称

c　課税資産の譲渡等の税抜き価額又は税込価額を税率ごとに区分して合計した金額及び適用税率

d　税率ごとに区分した消費税額等

問題17　適格請求書の交付義務が免除される取引について適切でないものはどれか。

a　３万円未満の公共交通機関（船舶、バス又は鉄道）による旅客の運送

b　出荷者等が卸売市場において行う生鮮食品等の販売

c　生産者（農協等の組合員）が農協に委託して行う農林水産物の販売

d　５万円未満の自動販売機及び自動サービス機により行われる商品の販売等

問題18　適格請求書保存方式（インボイス制度）における、仕入税額控除について適切なものはどれか。

a　課税事業者が仕入税額控除適用するためには、適格請求書などの請求書等の保存のみでよい。

b　簡易課税制度を選択している場合でも、適格請求書などの保存は仕入税額

控除の要件となる。

c　適格請求書などの交付を受けることが困難な取引は、仕入税額控除は認められない。

d　免税事業者等からの課税仕入れについては、原則として仕入税額控除は認められない。

電子帳簿保存法

問題１　電子帳簿保存法における保存区分のうち適切でないものはどれか。

a　電子帳簿保存

b　スキャナ保存

c　電子取引データ保存

d　電子取引をプリントアウトして保存

問題２　電子帳簿保存法におけるスキャナ保存を行うための要件として適切なものはどれか。

a　一定以上の解像度による読み取りができるものであれば、スマートフォンやデジタルカメラでの画像も認められる。

b　スキャナ保存の開始に当たっては、届出書を提出する必要がある。

c　スキャナ保存をしたデータの原本も保管しておく必要がある。

d　スキャナ保存の対象となる書類は取引相手から受け取った書類のみである。

問題３　電子帳簿保存法における電子取引データの保存について、データの真実性を担保する措置として適切でないものはどれか

a　タイムスタンプが付された後、取引情報の授受を行う。

b　取引情報の授受後、３ヵ月以内にタイムスタンプを付す。

c　記録事項の訂正・削除を行うことができないシステムで取引情報の授受及び保存を行う。

d　正当な理由がない訂正・削除の防止に関する事務処理規定を定め、その規定に従った運用を行う。

法人税申告業務

問題１　次の取引のうち、税法上の交際費となるものはどれか。

a　会社の社屋新築記念における宴会費および記念品

b　年末年始で配布する会社オリジナルカレンダー

c　会社の創立記念のため、従業員におおむね一律に、社内において供与される通常の飲食に要する費用

d　公益財団法人、公益社団法人、地方公共団体に対する拠金

問題2　法人税申告業務における税務業務の日常対応のリスクに関する記述で適切でないものはどれか。

a　法人税確定申告に必要な証憑書類がそろわない。

b　各種特例措置の適用がなされず、節税を行うことができない。

c　支払依頼の金額を誤り、法人税納付が正しく行われない。

d　税法の解釈を誤り、税額処理を誤る。

問題3　中間申告に関する記述で適切でないものはどれか。

a　事業年度が６ヵ月を超える法人は、事業年度開始後６ヵ月を経過した日より２ヵ月以内に中間申告書を提出する。

b　予定申告とは、前期の法人税額の半分を、中間分の税額として申告することである。

c　中間申告書には、予定申告書と、仮決算による中間申告書の２つの種類がある。

d　予定申告での法人税納付額が50万円以下であれば、中間申告書を提出する必要はない。

問題4　中間申告の方法のうち、前年度の実績による予定申告の前年度の実績について適切なものはどれか。

a　法人税額

b　所得金額

c　資本金額

d　売上高

問題5　青色申告法人の特典について適切でないものはどれか。

a　欠損金の繰越控除

b　欠損金の繰戻還付

c　中小企業者等の少額減価償却資産の取得価額の損金不算入の特例

d　青色申告特別控除

問題6　法人税法上の寄附金の取り扱いについて適切なものはどれか。

a　寄附金を支払うことが確定していれば、未払いであっても損金に算入できる。

b　国又は地方公共団体への寄附金は全額損金の額に算入する。

c　特定公益法人等に対する寄附金は全額損金の額に算入する。

d　国外関連者に対する寄附金は損金算入限度額を超える部分の金額は損金の額に算入しない。

問題7　次の申告調整に関する解説で（　）内に入る語句の組み合わせとして最も適切なものはどれか。

「申告調整とは、所得金額を計算するために、法人税法の規定に従って申告書（ A ）において、（ B ）に加減算して調整を行うことをいう。」

a　A　別表1　　B　税引前当期純利益

b　A　別表1　　B　当期純利益

c　A　別表4　　B　税引前当期純利益

d　A　別表4　　B　当期純利益

問題8　必ず申告書に記載を要する申告調整項目に該当しないものはどれか。

a　資産の評価益の益金不算入

b　引当金の繰入限度超過額の損金不算入

c　減価償却の償却限度超過額の損金不算入

d　受取配当等の益金不算入

問題9　以下の条件に基づいた税務上の処理で最も適切な処理はどれか。

「帳簿価格500,000円、時価3,000,000円の土地を1,500,000円で譲渡した。」

a	（借）	現　　金	1,500,000	（貸）	土　　地	500,000
					土地売却益	1,000,000
b	（借）	現　　金	3,000,000	（貸）	土　　地	500,000
					土地売却益	2,500,000
c	（借）	現　　金	1,500,000	（貸）	土　　地	500,000
		寄 附 金	1,500,000		土地売却益	2,500,000
d	（借）	現　　金	3,000,000	（貸）	土　　地	3,000,000

問題10　法人税の申告書と内容に関する次の組み合わせのうち適切なものはどれか。

申告書	内容
Ⅰ　別表1	Ⅴ　利益積立金額及び資本金等の額の計算
Ⅱ　別表4	Ⅵ　各事業年度の税額の計算
Ⅲ　別表5	Ⅶ　税額控除の計算
Ⅳ　別表6	Ⅷ　所得の金額の計算

a　ⅠとⅦ
b　ⅡとⅧ
c　ⅢとⅥ
d　ⅣとⅤ

問題11　還付加算金に関する解説で（　）内に入る語句の組み合わせとして最も適切なものはどれか。

「還付加算金は、還付金が発生した場合に還付金に加算して還付されるもので、一種の（ A ）である。還付加算金を受け取った場合は（ B ）で仕訳する。」

a　A　延滞金　　B　受取利息
b　A　利子　　B　雑収入
c　A　延滞金　　B　雑収入
d　A　利子　　B　受取利息

問題12　法人税法上、減価償却の対象外となる固定資産について適切でないものはどれか。

a　建設中の資産
b　土地
c　稼働休止資産
d　建物付属設備

問題13　申告期間に関する記述で適切でないものはどれか。

a　確定申告書は、決算期末の翌日から3ヵ月以内に、税務署長に提出しなければならない。
b　仮決算による中間申告とは、期首から6ヵ月の期間の仮決算をして申告することである。

c　1ヵ月の申告期限の延長が認められている会社は、2ヵ月以内に見込納付をしてもよいし、3ヵ月以内に納めてもよい。

d　中間申告は、期首から6ヵ月を過ぎた日から2ヵ月以内に、税務署長に提出しなければならない。

問題14　法人税の申告書を提出する際に必要となる添付書類に関して適切でないものはどれか。

a　貸借対照表

b　損益計算書

c　キャッシュフロー計算書

d　勘定科目内訳明細書

問題15　「申告調整項目の把握が漏れ、法人税申告額の算定を誤る」というリスクに対するコントロールに関する記述で適切なものはどれか。

a　財務省や国税庁等から税制改正に関する資料を入手して内容を確認し、申告調整項目等の範囲の変更に伴い、税額算定方法の変更の有無を確認する。

b　税額算定結果を前事業年度の税額算定結果及び見込の税額と比較し、差異が生じている場合はその原因を分析する。

c　税額算定における申告調整対象項目をリスト化し、算定内訳の項目が当該リストと一致し、漏れがないことを確認する。

d　法人税申告手続きにおいて、申告書の記載内容と算定結果を突合し、金額を確認する。

問題16　法人住民税・法人事業税について、最も適切な組み合わせはどれか。なお、資本金の額又は出資金の額が1億円以下の法人を前提とする。

A　法人住民税は課税所得がゼロであれば課税されない。

B　法人住民税は課税所得がゼロであっても課税される。

C　法人事業税は課税所得がゼロであれば課税されない。

D　法人事業税は課税所得がゼロであっても課税される。

a　AとC

b　AとD

c　BとC

d　BとD

グループ通算申告業務

問題1　グループ通算制度の記述で適切なものはどれか。

a　企業グループ内の各法人それぞれが納税単位となり、各法人が個別に申告する。

b　企業グループ内での損益通算をして、親法人が一体申告する。

c　企業グループ内の各法人が法人税額を計算し、親法人が一体申告する。

d　企業グループ内の各法人が計算する法人税額はすべて親法人の適用税率による。

問題2　グループ通算制度の通算親法人に関する解説で（　）内に入る語句の組み合わせとして適切なものはどれか。

「通算親法人については、（ A ）である普通法人又は協同組合である。ただし、清算中の法人、他の普通法人又は協同組合等による完全支配がある法人、及び通算承認の取りやめから（ B ）年を経過していない法人等は除外される。」

a	A	社団	B	7
b	A	内国法人	B	3
c	A	内国法人	B	5
d	A	外国法人	B	5

問題3　通算子法人に関する解説で（　）内に入る語句の組み合わせとして適切なものはどれか。

「通算子法人となることができる法人は、通算親法人となる法人又は通算親法人による（ A ）関係がある（ B ）とされている。」

a	A	完全支配	B	社団
b	A	完全支配	B	内国法人
c	A	部分支配	B	内国法人
d	A	部分支配	B	外国法人

問題4　通算法人の確定申告・納付方法の概要に関する解説で（　）内に入る語句の組み合わせとして適切なものはどれか。

「通算法人は、各事業年度終了の日の翌日から（ A ）以内に、確定申告書を提出しなければならない。申告期限は通算親法人の申請に基づき、（ B ）延長することができる。」

a　A　2ヵ月　　B　1ヵ月
b　A　1ヵ月　　B　2ヵ月
c　A　2ヵ月　　B　2ヵ月
d　A　3ヵ月　　B　3ヵ月

問題5　グループ通算制度の損益通算の計算に関する説明で（　）内に入る語句の組み合わせとして適切なものはどれか。

「通算法人の所得事業年度において、他の通算法人に通算前欠損金額が生ずる場合には、その所得事業年度において（ A ）の額に算入される。また、通算法人の欠損事業年度において、他の通算法人に通算前所得金額が生ずる場合には、その欠損事業年度において（ B ）の額に算入される。」

a　A　損金　　B　損金
b　A　損金　　B　益金
c　A　益金　　B　損金
d　A　益金　　B　益金

問題6　グループ通算制度の税率に関する説明で（　）内に入る語句の組み合わせとして適切なものはどれか。

「通算法人の各事業年度の所得の金額に対する法人税の税率は、（ A ）税率が適用される。したがって、原則として、普通法人である通算法人は（ B ）、協同組合等である通算法人は19%の税率が適用される。」

a　A　通算親会社の区分に応じた　　B　19%
b　A　通算親会社の区分に応じた　　B　23.2%
c　A　各通算法人の区分に応じた　　B　23.2%
d　A　各通算法人の区分に応じた　　B　19%

問題7　グループ通算制度と地方税の課税標準に関する解説で（　）内に入る語句の組み合わせとして適切なものはどれか。

「法人住民税・法人事業税の申告は、（ A ）行うこととされており、グループ通算制度における欠損金の切り捨て、損益通算、欠損金の通算等の（ B ）

とされている。」

a　A　通算親法人が　　B　影響は遮断すること
b　A　通算親法人が　　B　影響を受けること
c　A　法人ごとに　　　B　影響は遮断すること
d　A　法人ごとに　　　B　影響を受けること

問題8　グループ通算制度の申告・納付について適切なものはどれか。

a　グループ通算制度は各通算法人を納税単位としているため、連帯納付の責任はない。
b　グループ通算制度と従来の連結納税制度の選択をすることができる。
c　通算親法人の資本金が1億円以下である通算法人は、電子情報処理組織による申告は不要である。
d　通算法人は、資本金の額にかかわらず、電子情報処理組織による申告をする必要がある。

税務調査対応

問題1　税務調査に関する記述で最も適切でないものはどれか。

a　所内調査
b　実地調査
c　反面調査
d　追跡調査

問題2　税務調査において準備しておくべき書類はいくつあるか。

Ⅰ　登記簿謄本
Ⅱ　総勘定元帳
Ⅲ　請求書
Ⅳ　社内稟議書

a　1つ
b　2つ
c　3つ
d　4つ

問題3　加算税に関する記述で適切でないものはどれか。

a　過少申告加算税

b　無申告加算税

c　延滞税

d　重加算税

問題4　不服申立ての可能な期間に関する組み合わせのうち正しいものはどれか。

Ⅰ	A	再調査の請求	B	3ヵ月以内
Ⅱ	A	審査請求	B	2ヵ月以内
Ⅲ	A	取消訴訟	B	1ヵ月以内

a　Ⅰ

b　ⅠとⅡ

c　Ⅲ

d　ⅠとⅡとⅢ

問題5　更正の請求ができないケースはどれか。

a　申告書に記載した納付税額が過大であるとき。

b　申告書に記載した欠損金が過少であるとき。

c　申告書に記載した還付金の額が過少であるとき。

d　申告書に記載した納付税額が過少であるとき。

問題6　税務調査対応に関する記述で適切なものはどれか。

a　調査官が事実関係を誤認している場合でも、指摘事項は受け入れる。

b　税務調査の終了後、追徴することになった場合には、直ちに修正申告を行う。

c　更正通知書を受領した場合、税務調査の結果と相違ないことを確認するとともに納税額を確認する。

d　更正又は修正申告により法人税額が変更されても、地方税には影響しない。

解答解説

税効果計算業務

解答１－c

「企業会計における収益又は費用と、課税所得計算上の益金又は損金の（A**認識**）時期の相違等により、企業会計上の資産又は負債の額と課税所得計算上の資産又は負債の額に相違がある場合において、法人税その他利益に関連する金額を課税標準とする税金の額を適切に（B**期間配分**）することにより、法人税等を控除する前の（C**当期純利益**）と法人税等を合理的に対応させることを目的とする会計手続きをいう。」

企業会計においては収益から費用を差し引いて利益を求める。税法上は益金から損金を差し引いて課税所得を求める。収益・費用と益金・損金が同じならば利益と課税所得は同じになる。企業会計は適正な期間損益計算を行うために利益を計算していて、税法は公正な課税及び安定した税収入の確保のために課税所得を計算している。それぞれ目的が違うために、収益・費用と益金・損金の認識時期に相違が生じてしまう。この相違を損益計算書の利益計算上で調整するために行うのが税効果会計である。

解答２－a

将来減算一時差異の金額に税率を乗じた額で仕訳する。

（借）繰延税金資産（B/S）　××　（貸）法人税等調整額（P/L）　××

解答３－b

永久差異は会計上の収益又は費用と税務上の益金又は損金についての認識に関する考え方に根本的な違いがあることによって生じる差異であり、税効果会計の対象とならない。この項目に該当するものに、以下の項目がある。

①受取配当金の益金不算入額
②交際費の損金不算入額（Ⅰ）
③寄附金の損金不算入額（Ⅲ）
④罰科金の損金不算入額　等

解答４－a

「会計上は、今期に払わなくてもよい税金についての（A**前払い**）額を資産として計上したもの。会計上の費用（又は収益）と税法上の損金（又は益金）

の認識時期の違いによる（B**一時差異**）を税効果会計によって調整することで生じる。」

将来減算一時差異の発生は、将来の課税所得を減額させるが、これは当期に税金を前払いしたと考えられる。よって、当期に計上した法人税等から減額調整するとともに、繰延税金資産を計上する。

解答5－c

「欠損金とは、各事業年度の損金の額が益金の額を超える場合にその（A**超える**）部分の金額をいう。また、繰越欠損金とは、欠損金を翌期以降（B**10年**）間に発生する課税所得から控除するために繰り越したものである。」

税務上の繰越欠損金は、その発生年度の翌期以降で繰越期間内に課税所得が生じた場合には課税所得を減額することができる。その結果、課税所得が生じた年度の法人税等として納付すべき額は、税務上の繰越欠損金が存在しない場合に比べて軽減されることになる。なお、この繰越欠損金は、一時差異そのものではないが、一時差異と同様の税効果を有する。

解答6－a

引当金の繰入限度超過額については、税効果会計の適用に伴い、発生年度において貸借対照表に繰延税金資産が、損益計算書では法人税等調整額が減額項目として計上される。これは、他の将来減算一時差異や繰越欠損金についても同様である。

解答7－d

繰延税金資産は（A**投資その他の資産**）に、繰延税金負債は（B**固定負債**）に表示される。また、繰延税金資産と繰延税金負債は（C**相殺して**）表示される。

解答8－d

ａは、将来減算一時差異及び将来加算一時差異の範囲を誤るリスクに対するコントロールであるといえる。ｂは、繰延税金負債の計上額を誤るリスクに対するコントロールであるといえる。ｃは、一時差異に準ずるものの範囲及びその金額を誤るリスクに対するコントロールであるといえる。

消費税申告業務

解答1－d

消費税の課税対象となる取引は、①国内で行われる取引と②保税地域から引き取られる外国貨物である。

①の国内で行われる取引とは、国内で事業者が事業として対価を得て行う資産の譲渡・貸付け・役務の提供である。②の保税地域から引き取られる外国貨物は、消費税の課税対象となる。また、輸入取引に関しては、国内取引と異なり、課税事業者だけでなく、免税業者やサラリーマン等も納税義務を負い、消費税が課税される。

dは、贈与は対価性がないため、課税対象取引にはあたらない。

解答2－b

a　課税対象となるのは国内で行うものである。資産の所在地、役務の提供が行われた場所が国内である場合が該当する。

c　対価を得て行うとは、何らかの資産ないし利益を得ることである。無償での資産の譲渡、貸付け、役務の提供は課税の対象とならない。

d　資産の譲渡には、無形固定資産の売却も含まれる。なお、資産の譲渡のほかにも資産の貸付けや役務の提供も含まれる。

解答3－a

「消費に対して課税を行う」という消費税の性質になじまない場合や、政策的な配慮のため課税の対象とすることが不適当として扱われる取引のことを非課税取引という。土地は消費という性質に合わないため非課税となる。住宅は消費という性質に合うが、住宅の貸付は政策的な見地から非課税とされている。

解答4－b

課税対象取引になるための要件を満たさない各取引のことを課税対象外取引（不課税取引）という。具体的には以下のもののことである。

・給与、賃金

・寄附金、見舞金

・無償による試供品や見本品

・保険金、共済金

問題5－d

基準期間とは事業者が納税義務事業者となるかどうかを判定するための期間のことであり、原則として前々事業年度の課税売上高で判定を行う。基準期間が1年に満たない場合、基準期間における課税売上高は、月割計算して1年間相当に換算した金額を用いる。また、会社を設立した場合は、設立1期目と2

期日は原則として基準期間が存在しない。

解答6－d

課税売上割合とは課税期間中の総売上高に対する課税期間中の課税売上高をいい、税抜きで計算を行う。「課税売上高÷総売上高」で計算される。

課税売上高の中には輸出取引等の免税売上高が含まれる。総売上高は課税売上高と輸出取引等の免税売上高及び非課税売上高のことである。

解答7－d

適格請求書発行事業者になると、基準期間の課税売上高が1,000万円以下になっても、登録の効力が失われない限り消費税の申告が必要である。

解答8－c

簡易課税制度の場合には、売上げに係る消費税額に一定の仕入率を乗じて、仕入税額控除額を計算する。その際、売上げに係る消費税額に乗じる一定の仕入率をみなし仕入率という。

業種区分	みなし仕入率	事業の内容
第１種事業	90%	卸売業
第２種事業	80%	小売業
第３種事業	70%	農業、林業、漁業、鉱業、建設業、製造業、電気ガス事業　等
第４種事業	60%	第１～３種及び第５種及び第６種以外の事業
第５種事業	50%	金融業、保険業、通信運輸業、サービス業
第６種事業	40%	不動産業

解答9－b

簡易課税制度を選択できるのは、基準期間の課税売上高が5,000万円以下の納税者である。ただし、事前に税務署に届出する必要があり、いったん届出すると２年間は原則計算への変更ができない。

解答10－c

課税業者は、原則として課税期間の末日から２ヵ月以内に申告書を提出しなければならない。なお、一定の場合には、確定申告期限を１ヵ月延長することができる。

解答11－a

適格請求書発行事業者には、原則として以下の義務が課される。

（1）適格請求書の交付

（2）適格返還請求書の交付

（3）修正した適格請求書の交付

（4）交付した適格請求書の写しの保存

解答12－c

法人は、帳簿を備え付けてその取引を記録するとともに、その帳簿と取引等に関して作成又は受領した書類を、その事業年度の確定申告書の提出期限から７年間保存しなければならない。また、法人が、取引情報の授受を電磁的方式によって行う電子取引をした場合には、原則としてその電磁的記録（電子データ）をその事業年度の確定申告書の提出期限から７年間保存する必要がある。

解答13－a

「課税売上げの額に占める（A**仮受**）消費税の割合及び課税仕入れの額に占める（B**仮払**）消費税の割合を確認し、あらかじめ定めた基準範囲を逸脱する場合はその理由を確認し、誤りは補正する。」

解答14－a

消費税の会計処理には、税抜処理と税込処理がある。以下が処理例である。

卸売業者である課税業者が、商品を仕入れ業者から440,000（10％税込み）で仕入れ、小売業者に660,000（10％税込み）で販売した。なお、代金については現金決済とする。

＜税抜処理＞

（取引時）

仕入	（借）	**仕　　入**	400,000	（貸）	**現　　金**	440,000
		仮払消費税	40,000			
販売	（借）	現　　金	660,000	（貸）	売　　上	600,000
					仮受消費税	60,000
決算	（借）	仮受消費税	60,000	（貸）	仮払消費税	40,000
					未払消費税	20,000

＜税込処理＞

(取引時)

仕入	(借)	仕　　入	440,000	(貸)	現　　金	440,000
販売	(借)	現　　金	660,000	(貸)	売　　上	660,000
決算	(借)	租税公課	20,000	(貸)	未払消費税	20,000

解答15－d

期中取引について消費税課税区分の判断を誤り、税区分ごとの集計金額を誤るのは、課税区分管理に関するリスクである。この場合、仕訳伝票起票に際して有効な証憑書類と支払伝票を突合し、税区分が正しいことを確認する必要がある。なお、他のリスクに対するコントロールは、以下のようになる。

ａの場合、消費税の納付手続きにおいて、納付書の記載金額を消費税申告書の納付金額と突合し、確認する。ｂの場合、支払依頼書と証憑書類を突合し、金額を確認する。ｃの場合、消費税納付書と支払伝票を突合し、金額を確認する。

解答16－b

適格請求書の記載事項は次の通りである。

①適格請求書発行事業者の氏名又は名称及び登録番号

②課税資産の譲渡等を行った年月日

③課税資産の譲渡等に係る資産又は役務の内容

④課税資産の譲渡等の税抜き価額又は税込価額を税率ごとに区分して合計した金額及び適用税率

⑤税率ごとに区分した消費税額等

⑥書類の交付を受ける事業者の氏名又は名称

ただし、⑥は適格簡易請求書の記載事項に該当しない。

解答17－d

下記の取引は、適格請求書発行事業者が行う事業の性質上、適格請求書を交付することが困難なため、交付義務が免除される。

①３万円未満の公共交通機関（船舶、バス又は鉄道）による旅客の運送

②出荷者等が卸売市場において行う生鮮食品等の販売

③生産者（農協等の組合員）が農協に委託して行う農林水産物の販売
④３万円未満の自動販売機及び自動サービス機により行われる商品の販売等
⑤郵便切手類のみを対価とする郵便・貨物サービス

解答18－d

適格請求書保存方式における仕入税額控除の留意点は下記のとおりである。

a　一定の事項を記載した帳簿及び適格請求書などの請求書等の保存が必要となる。

b　簡易課税制度を選択している場合、課税売上高から消費税を計算することから､適格請求書などの請求書の保存は仕入税額控除の要件とはならない。

c　適格請求書などの交付を受けることが困難な取引は、帳簿のみの保存で仕入税額控除が認められる。

d　免税事業者等からの課税仕入れについては、原則として仕入税額控除は認められない。なお、2029年９月までは経過措置として、仕入税額相当額の一定割合を仕入税額とみなして控除できる。

電子帳簿保存法

解答１－d

改正電子帳簿保存法における主な保存区分は下記の３種類である

①電子帳簿保存…電子的に作成した帳簿・書類をデータのまま保存
②スキャナ保存…紙で受領・作成した書類を画像データで保存
③電子取引　　…電子的に授受した取引情報をデータで保存

解答２－a

電子帳簿保存法におけるスキャナ保存については以下の要件がある。

a　解像度200dpi 以上による読み取りができるものであれば、スマートフォンやデジタルカメラでの画像も認められる。

b　スキャナ保存の開始に当たって、特別な手続きは原則必要ない。

c　電子帳簿保存法のスキャナ保存の要件を満たしていれば、スキャンした書類の原本は破棄してよい。

d　スキャナ保存の対象となる書類は取引相手から受け取った書類や自己が作成して取引相手に交付する書類の写しである。

解答３－b

電子帳簿保存法における電子取引データの保存について、データの真実性を担保する措置として下記の要件がある。

a　タイムスタンプが付された後、取引情報の授受を行う。

b　取引情報の授受後、速やかにタイムスタンプを付す。
タイムスタンプの付与期間は、最長2ヵ月とおおむね7営業日以内

c　記録事項の訂正・削除を行うことができないシステムで取引情報の授受及び保存を行う。

d　正当な理由がない訂正・削除の防止に関する事務処理規定を定め、その規定に従った運用を行う。

法人税申告業務

解答1－a

交際費とは、得意先や仕入先その他事業に関係のある者に対する接待、供応、慰安、贈答などの行為のために支出する費用をいう。よって、aは交際費にあたる。bのようにカレンダー、手帳、手ぬぐいなどを贈与するために通常要する費用は宣伝的効果を意図していると考えられるため広告宣伝費となる。cのような社内の行事で従業員におおむね一律に、社内において供与される通常の飲食に要する費用は福利厚生費である。dのように事業に直接関係のない者に対する金銭の贈与は寄附金である。

解答2－c

支払依頼の金額を誤り、法人税納付が正しく行われないのは、法人税額納付手続きに関するリスクである。この場合、支払依頼書と証憑書類を突合し、金額を確定する必要がある。なお、他のリスクに対するコントロールは、以下のようになる。

aの場合、確定申告書に証拠書類を添付することを要件として損金算入等が認められる申告調整項目については、証憑書類の保管を周知するとともに、取引内容と証憑書類が整合していることを確認する。bの場合、法人が特定の設備等を取得した場合に認められる特別償却や法人税額特別控除について適用可能であるものを有効に活用していることを確認する。dの場合、会計制度変更や税制改正等に伴い、税務処理に影響を及ぼす可能性のある事項について、税務処理方法を検討のうえ、税務署等に確認する。

解答3－d

事業年度が6ヵ月を超える法人は、事業年度開始後6ヵ月を経過した日より2ヵ月以内に、中間申告書を提出し法人税額の予納を行う。中間申告には、①

前期の法人税の６ヵ月換算額で申告する予定申告と②期首から６ヵ月間を１事業年度とみなし、仮決算を行って申告する中間申告の２つの方法がある。なお、予定申告でかつ税額が10万円以下の場合には申告は不要であり、また中間申告書が申告期限までに提出されなかった場合には、予定申告があったものとみなされる。

解答４－a

前年度の実績とは前事業年度の法人税額のことである。前事業年度の法人税額としては、所得税額控除や外国税額控除等を適用した後の法人税額を用いる。

解答５－d

青色申告特別控除は個人（事業所得、不動産所得）の特典であり、法人にはない。

解答６－b

寄附金は支出した日の属する事業年度の損金として取り扱う。

また、損金算入額は寄附金の区分により異なる。

・国又は地方公共団体や指定寄附金は、全額損金の額に算入する。

・特定公益法人等に対する寄附金は、一般の寄附金とは別枠の損金算入限度額とその寄附金の額のいずれか少ない金額を損金の額に算入する。

・一般の寄附金として支出した金額のうち損金算入限度額を超える部分の金額は、損金の額に算入しない。

・完全支配関係がある内国法人に対する寄附金は、その全額が損金の額に算入されない。

・国外関連者に対する寄附金は、その全額が損金の額に算入されない。

解答７－d

「申告調整とは、所得金額を計算するために、法人税法の規定に従って申告書（Ａ**別表４**）において、（Ｂ**当期純利益**）に加減算して調整を行うことをいう。」

申告調整は申告書の上で調整をすればよく、決算調整のように財務諸表上で費用計上する必要はない。実務上は、税引前当期純利益をベースに税額を計算することも多いが、申告書の所得金額計算上は、当期純利益がベースとなる。

解答８－d

申告調整は必ず調整しなければならない必須項目と選択により調整すること

ができる任意項目がある。任意項目を調整することにより節税できるにも関わらず、それを行わない場合は権利を放棄したことになる。任意項目としては、受取配当金の益金不算入、所得税額及び外国税額等の税額控除、特別償却不足額の繰越し、収用などによる資産譲渡に対する特別控除などがある。

解答9－c

c	（借）	現　　金	1,500,000	（貸）	土　　地	500,000
		寄 附 金	1,500,000		土地売却益	2,500,000

資産の無償譲渡又は低額譲渡があった場合、法人税法では適正な時価で収益を認識する。

解答10－b

別表の種類と内容は下記の通りである。

別表1　各事業年度の税額の計算（Ⅵ）
別表4　所得の金額の計算（Ⅷ）
別表5　利益積立金額及び資本金等の額の計算（Ⅴ）
別表6　税額控除の計算（Ⅶ）

解答11－b

「還付加算金は、還付金が発生した場合に還付金に加算して還付されるもので、一種の（A**利子**）である。還付加算金を受け取った場合は（B**雑収入**）で仕訳する。」

国税を滞納した場合に延滞税が課されることとのバランスを考慮して、還付金等には一種の利息に当たる金額を加算する。この金額が還付加算金である。還付金等には、起算日から還付の支払決定日又は充当日までの期間に年7.3%と特例基準割合のいずれか低い割合の還付加算金が加算される。また、還付加算金を受け取った場合は、還付金と区別して、雑収入で仕訳する。

解答12－d

減価償却の対象外の固定資産は下記の通りである。

①土地、借地権、電話加入権、代替性のない美術品などの固定資産
②稼働休止資産（休止期間中に必要な維持補修が行われており、いつでも稼働できる状態にあるものは減価償却資産に該当する。）
③建設中の資産（建設仮勘定）

解答13－a

法人税の確定申告及び税額の納付は、株主総会等で確定した決算に基づいて行われ、決算期末の翌日から２ヵ月以内である。ただし、災害に遭遇したり、会計監査人の監査のために２ヵ月以内に決算が確定しない場合には、届出により１ヵ月の延長が認められる。

解答14－c

法人税申告書には次に掲げる書類を添付する必要がある。貸借対照表及び損益計算書、株主資本等変動計算書、勘定科目内訳明細書、事業等の概況に関する書類、組織再編成に係る契約書などである。

解答15－c

ａは、税制改正に伴う申告調整項目等の範囲の変更が反映されず、所得金額・欠損金額又は法人税額の算定を誤るリスクに対するコントロールである。ｂは、税額算定過程において、金額の集計誤りや処理の失念により、法人税額を誤るリスクに対するコントロールである。ｄは、申告額算定結果を法人税申告書に転記する際に、記載金額を誤り、過大納付する又は過少納付により附帯税が課されるリスクに対するコントロールである。

解答16－c

法人住民税は法人税額を基礎として課税される法人税割と会社の資本金等の額や社員数を基礎として課税される均等割があるため、課税所得がゼロであっても均等割が課税される。

法人事業税は資本金の額が１億円以下の会社の場合は会社が得た所得に対してのみ課税される。

また、資本金１億円超の会社の場合は課税所得に関係なく、外形標準課税が適用される。

グループ通算申告業務

解答１－a

グループ通算制度とは、完全支配関係にある企業グループ内の各法人を納税単位として、各法人が個別に法人税額の計算及び申告を行い、その中で損益通算等の調整を行う制度である。

また税率は、通算グループ内の各法人の適用税率による。

解答2－c

グループ通算制度の親法人は、（A**内国法人**）である普通法人又は協同組合のうち、次の①～⑥に該当しない法人をいう。

①清算中の法人
②普通法人又は協同組合等との間にその普通法人又は協同組合等による完全支配関係がある法人
③通算承認の取りやめの承認を受けた法人で、その承認日の属する事業年度終了後（B**5**）年を経過していない法人
④青色申告の承認の取り消し通知を受けた法人でその通知後5年を経過していない法人
⑤青色申告の取りやめの届出書を提出した法人でその提出後1年を経過していない法人
⑥投資法人、特定目的会社

解答3－b

通算制度において、通算子法人となることができる法人は、通算親法人となる法人又は通算親法人による（A**完全支配**）関係がある（B**内国法人**）とされている。

解答4－c

通算法人は、各事業年度終了の日の翌日から（A**2ヵ月**）以内に、確定申告書を提出しなければならない。

ただし、通算法人又は他の通算法人が、定款等の定め又は特別の事情により、各事業年度終了の日の翌日から2ヵ月以内にその各事業年度の決算についての定時株主総会が招集されない常況にあり、又は通算法人が多数に上ることなどの理由により、通算法人に提出される規定による所得の金額等の計算を了することができないために確定申告書を提出期限までに提出することができない常況にあると認められる場合には、所轄税務署長は通算親法人の申請に基づき、その各事業年度の確定申告書の提出期限を（B**2ヵ月**）延長することができる。

解答5－b

通算法人の所得事業年度において、他の通算法人に通算前欠損金額が生ずる場合には、その所得事業年度において（A**損金**）の額に算入される。また、通算法人の欠損事業年度において、他の通算法人に通算前所得金額が生ずる場合には、その欠損事業年度において（B**益金**）の額に算入される。

解答6－c

通算法人の各事業年度の所得の金額に対する法人税の税率は、（A**各通算法人の区分に応じた**）税率が適用される。したがって、原則として、普通法人である通算法人は（B**23.2%**）、協同組合等である通算法人は19%の税率が適用される。

解答7－c

法人住民税・法人事業税の申告は、（A**法人ごとに**）行うこととされており、グループ通算制度における欠損金の切り捨て、損益通算、欠損金の通算等の（B**影響は遮断すること**）とされている。

解答8－d

通算法人は資本金の額にかかわらず、電子情報処理組織による申告をする必要がある。

a　通算法人は他の通算法人の各事業年度法人税について、連帯納付の責任を負う。

b　令和4年4月1日以後に開始する事業年度から従来の連結納税制度は廃止され、グループ通算制度へ移行される。

税務調査対応

解答1－d

a　所内調査　　税務官署内での申告審理・資料照合による調査対象の選別等の調査

b　実地調査　　調査官が納税者の所在地へ臨場して行う調査

c　反面調査　　納税者の申告内容確認のために行う取引先等に対する裏付け調査

解答2－d

Ⅰ　登記簿謄本

Ⅱ　総勘定元帳

Ⅲ　請求書

Ⅳ　社内稟議書

これらは、すべて税務調査において事前に準備しておくべき書類である。

なお、問題文にあげた証憑類だけでなく、現金や預金通帳、受取手形、有価証券、棚卸資産等の現物も調査対象となる。

解答3－c

延滞税は、加算税ではない。加算税は申告義務が適正に履行されない場合に課されるもので、一種の行政制裁的な性格を有する。

種　類	内　容
過少申告加算税	期限内に確定申告書を提出した後、修正申告書の提出又は更正によって追加税額が生じた場合に課税される税
無申告加算税	期限内に確定申告書の提出がない場合で、納付すべき税額があった場合に課税される税
不納付加算税	源泉徴収等による国税が法定納期限内に完納されなかった場合に課税される税
重加算税	過少申告加算税などが課税される場合において、隠ぺい・仮装により申告している場合にその過少申告加算税に代えて課税される税
延滞税	法定納期限までに税金を納付しなかった場合に課税される税

解答4－a

更正の内容に不服がある場合には、以下のような制度がある。

内　容	期　限
再調査の請求	処分があったことを知った日の翌日から3ヵ月以内
国税不服審判所に審査請求	処分があったことを知った日の翌日から3ヵ月以内 再調査の請求を行い、なお不服がある場合は、再調査決定の通知を受けた日の翌日から1ヵ月以内
裁判所に訴訟の提起	裁決があったことを知った日から6ヵ月以内

解答5－d

更正とは、申告した納付額に計算違いがあったことを税務調査等によって明らかとなったときに、税務署が正しい税額に是正することをいう。

納税者は、申告書に記載した納税額が過少である場合は、更正があるまでは、修正申告書を提出して、税額を修正することができる。

解答6－c

a　調査官が指摘事項に関する事実関係を誤認している場合には、証拠資料を示し、正しい事実を説明する。

b　税務調査を受けて追徴されることになったとき、修正申告するか更正処分を受けるかは選択することになる。なお、更正又は決定に対しては不服申立てができるが、修正申告した場合には不服申立てはできない。

d　法人税額が、更正又は修正申告により変更した場合には、通常、住民税や事業税といった地方税も併せて修正申告する。

第4章

資金管理

問　題

現金出納管理

問題１　会計上現金として取り扱われる項目で適切でないものはどれか。

a　郵便為替証書

b　期限到来の公社債利札

c　自己振出小切手

d　配当金領収証

問題２　当座預金の特徴について適切でないものはどれか。

a　利息がつかない。

b　小切手や手形の振り出しができる。

c　当座借越ができる。

d　預金通帳が発行される。

問題３　預金出納帳での当座預金残高と銀行実際残高が一致しない原因について修正仕訳が必要なものはどれか。

a　未取付小切手

b　未渡小切手

c　未取立小切手

d　営業時間外預け入れ

問題４　次の現金過不足勘定に関する解説で（　）内に入る語句の組み合わせとして最も適切なものはどれか。

「現金過不足勘定は、その発生原因が不明なとき（ A ）に用いる勘定であるため、不一致の原因が判明した場合は適切な勘定科目に振り替え、判明しなければ（ B ）として処理する。」

a　A　継続的　　B　特別利益又は特別損失

b　A　一時的　　B　雑収入又は雑損失

c　A　継続的　　B　雑収入又は雑損失

d　A　一時的　　B　特別利益又は特別損失

問題5　現金管理の内部牽制に関する記述で適切でないものはどれか。

a　現金の取扱いと記帳担当を統括して行う。

b　支払いは、小口現金を除いて、すべて銀行振込みか線引小切手を用いる。

c　第三者による定時又は抜き打ちの現金実査を行う。

d　現金取扱者の権限を明確に定めておく。

問題6　支払精査に関する記述のうち適切でないものはどれか。

a　証憑書類から支払内容の妥当性を検証する。

b　支払伝票を作成する。

c　支払先からの請求書を確認する。

d　取引の契約内容を確認する。

問題7　ペイオフについて、利息の付く普通預金や定期預金が預金者一人当たり1金融機関につき保護される金額はいくらまでか。

a　元本100万円まで

b　元本100万円までと利息

c　元本1,000万円まで

d　元本1,000万円までと利息

問題8　ファームバンキングについて適切でないものはどれか。

a　個人、法人を問わず利用できる。

b　利用するためには専用のソフトや回線を準備する必要がある。

c　一度に複数の銀行との複数取引を処理することができる。

d　セキュリティが高いため、不正利用が起こりにくい。

問題9　入金内容確認処理を行う際の手順について適切なものはどれか。

A　入金内容の確認

B　入金予定日確認・支払通知書確認

C　該当部門への通知

D　期日別債権残高の確認

a　A→B→D→C

b　B→D→A→C

c　C→A→B→D

d　D→B→A→C

問題10　現金出納管理における銀行振込入金のリスクに関する記述で適切でないものはどれか。

a　一部の取引銀行口座の振込情報の把握が漏れる。

b　計上金額・計上日を誤り、実際の入金額・入金日と異なる仮勘定計上を行う。

c　入金内容が確認されず、仮受勘定残高が長期残置され、入金事実が適正に財務諸表に反映されない。

d　証憑書類の精査が漏れ、実態のない支払いが行われる。

問題11　現金有高と現金出納帳が一致しないというリスクに対するコントロールに関する記述で適切なものはどれか。

a　入金・出金に関する証憑書類と現金出納帳を突合し、記載内容に誤りがないことを確認する。

b　日々、現金有高と現金出納帳を照合する。

c　取引口座の利用頻度を検証し、利用頻度が低い口座については廃止・統合を検討する。

d　補充対象期間における支払証憑書類と現金請求額を突合し、補充額が適切であることを確認する。

手形管理

問題１　電子記録債権債務の特徴として適切でないものはどれか。

a　電子記録債権は分割して譲渡することができる。

b　電子記録債権債務は原則、債務者が発生記録を行わなければならない。

c　電子記録債権は、金融機関に譲渡することで割引を行うことができる。

d　電子記録債権債務の決済口座は当座預金または普通預金が利用できる。

問題２　電子記録債権を金融機関で割り引いた場合について最も適切な処理はどれか。

a	（借）	現　金　預　金	××	（貸）	電子記録債権	××
		電子記録債権売却損	××			
b	（借）	現　金　預　金	××	（貸）	電子記録債権	××
c	（借）	電子記録債権	××	（貸）	現　金　預　金	××
d	（借）	現　金　預　金	××	（貸）	受　取　手　形	××

問題3　電子記録債権債務の支払不能処分制度（不渡）に関する解説で（　）内に入る語句の組み合わせとして最も適切なものはどれか。

「（ A ）以内に（ B ）回支払不能が発生した債務者に対して、債務者としての電債の利用、および参加金融機関における貸出取引が（ C ）停止される。」

a　A　12ヵ月　B　2　C　2年間
b　A　12ヵ月　B　3　C　3年間
c　A　6ヵ月　B　2　C　2年間
d　A　6ヵ月　B　3　C　3年間

問題4　電子記録債権債務の利用対象として適切でないものはどれか。

a　法人
b　個人事業主
c　個人消費者
d　国・地方公共団体

問題5　電子記録債権債務の発生記録の記録事項について適切でないものはどれか。

a　債権金額
b　支払委託文句
c　支払期日
d　債権者の情報

問題6　電子記録債権債務の債権者が行うべき処理に関する記述のうち適切なものはどれか。

a　決済口座への資金準備を行う。
b　決済までの期間を明確にする。
c　電子記録債権の割引を実施する。
d　決済日到来にあわせて、銀行に取り立て依頼する準備をする。

問題7　電子記録債権債務の債務者としての記述のうち適切なものはどれか。

a　債務者が発生記録を行った場合、印紙税が必要となる。
b　取引先が電子記録債権債務の利用登録をしていなくても、電債で支払うことができる。
c　債務者が発生記録をするためには、債権者の利用番号および決済口座情報が必要である。

d　支払期日は発生記録日の30日後から設定できる。

問題8　電子記録債権債務の開示範囲について適切でないものはどれか。

a　発生記録

b　分割記録

c　中間の譲渡記録

d　保証記録

問題9　小切手の特徴として適切でないものはどれか。

a　譲渡には裏書が必要

b　呈示期間は振出日の翌日から10日間

c　印紙不要

d　受取人の記載不要

問題10　電子記録債権債務で変更ができないものはどれか。

a　利用者属性情報

b　支払期日

c　支払方法の分割化

d　債権金額

問題11　次の（　）内に入れるべき語句として適切なものはどれか。

「他人振出しの小切手を銀行に預け入れて取立てを依頼したにもかかわらず、銀行で未だ取立てが完了していない小切手を（　）という。」

a　未渡小切手

b　未取付小切手

c　先日付小切手

d　未取立小切手

問題12　領収書の確認が漏れ、領収書と異なる額面の受取手形を受領するというリスクに対するコントロールに関する記述で適切なものはどれか。

a　受取手形と仕訳伝票を突合し、金額を確認する。

b　手形の内容について、取引先からの支払通知、自社の発行した請求書、各証憑書類を検証し、手形内容を確認する。

c　顧客別債権管理台帳の金額を確認し、領収書を事前作成する。
d　受取手形の受領、取立、決済、割引の際に、それぞれの証憑書類と受取手形管理台帳を突合し、確認する。

問題13　先日付小切手について適切でないものはどれか。

a　実際の振出日よりも先の日付で振出日が設定されている小切手
b　呈示期間よりも先の日付を指定して振り出す小切手
c　振出日前であっても支払は実行される
d　現金預金の残高がなくても振り出すことができる

有価証券管理

問題1　以下の資料のもとで、株価収益率（PER）を計算した場合正しいものはどれか。

（資料）
株価：300,000円
1株当たり純資産：120,000円
1株当たり当期純利益：15,000円
1株当たり売上高：450,000円

a　1.5倍
b　2.5倍
c　8倍
d　20倍

問題2　債券投資の収益に関する記述で適切でないものはどれか。

a　クーポン収入
b　受取クーポンの再投資による収入
c　満期償還時の償還損益
d　配当収入

問題3　以下の資料のもとで、配当利回りを計算した場合正しいものはどれか。

（資料）
株価：300,000円
1株当たり純資産：80,000円

１株当たり配当金：6,000円

１株当たり利益：50,000円

a　２％

b　7.5％

c　8.3％

d　12％

問題４　金融商品に関する会計基準によった場合、有価証券を保有目的により分類する記述で適切でないものはどれか。

a　売買目的有価証券

b　満期保有目的債券

c　売却可能有価証券

d　その他有価証券

問題５　有価証券の会計処理について述べた次の記述のうち適切でないものはどれか。

a　関連会社株式は、個別財務諸表でも連結財務諸表でも持分法を適用して評価する。

b　子会社株式は、原則として原価評価であるが、時価が著しく下落したときは、回復する見込みがあると認められる場合を除き、時価をもって貸借対照表価額としなければならない。

c　満期保有目的債券は、満期まで１年以内となった場合には流動資産の部に有価証券の名称で記載される。

d　その他有価証券は時価により評価され、その評価益にあたる差額については税効果会計を適用したうえ純資産の部に計上しなければならない。

問題６　時価が上昇した場合の評価差額の原則的な会計処理に関する次の組み合わせのうち、最も適切なものはどれか。

	有価証券の区分		会計処理
Ⅰ	売買目的有価証券	Ⅴ	当期の損益
Ⅱ	その他有価証券	Ⅵ	純資産の部
Ⅲ	満期保有目的債券	Ⅶ	認識せず
Ⅳ	子会社及び関連会社株式		

a　Ⅰ と Ⅶ
b　Ⅱ と Ⅵ
c　Ⅲ と Ⅴ
d　Ⅳ と Ⅵ

問題７　売買目的有価証券の評価損を計上する際に最も適切な処理はどれか。

a	(借) 有　価　証　券	××	(貸) 有価証券運用損益	××
b	(借) 有価証券運用損益	××	(貸) 有　価　証　券	××
c	(借) 有　価　証　券	××	(貸) 有価証券売却損益	××
d	(借) 有価証券売却損益	××	(貸) 有　価　証　券	××

問題８　金融商品取引法に定められている有価証券に当てはまらないものはどれか。

a　国債証券
b　郵便為替証書
c　新株予約権証券
d　投資信託の受益証券

問題９　減損処理に関する解説で（　）内に入る語句の組み合わせとして最も適切なものはどれか。

「市場価格のない株式は（ A ）をもって貸借対照表価額とするが、当該株式の発行会社の財政状態の悪化により（ B ）が著しく低下したときは減損処理を行い、評価差額を当期の損失として計上する。」

a	A　取得原価	B　時価
b	A　取得原価	B　実質価額
c	A　時価	B　時価
d	A　時価	B　実質価額

問題10　有価証券管理における運用実行のリスクに関する記述で適切でないものはどれか。

a　上場株式の時価評価額の算定を誤る。
b　購入条件に適合しない契約書が締結される。
c　購入代金の支払依頼の確認を怠り、支払いを怠る。
d　有価証券計上額を誤る。

問題11　投資の可否判断を誤り、会社に損失を与えるというリスクに対するコントロールに関する記述で適切なものはどれか。

a　支払依頼書と証憑書類を突合し、金額を確認する。

b　社内で定められた投資基準にしたがって投資可否判断がなされていることを確認する。

c　投資決定内容と契約書を突合し、契約書の内容が投資決定内容に合致していることを確認する。

d　有価証券の購入に関する証憑書類と仕訳伝票を突合し、金額を確認する。

問題12　税務上の有価証券に区分されないものはどれか。

a　売買目的有価証券

b　満期保有目的等有価証券

c　関連会社株式

d　その他有価証券

問題13　金融商品の選択の基準として適切でないものはどれか。

a　収益性

b　安全性

c　流動性

d　生産性

債務保証管理

問題１　次の偶発債務に関する解説で（　）内に入る語句の組み合わせとして最も適切なものはどれか。

「債務の保証、係争事件に係る賠償義務及び保証類似行為等のように、（ Ａ ）時点では発生していないが、（ Ｂ ）発生する可能性がすでに存在しており、将来の条件次第では発生が想定される潜在的な債務。」

a　Ａ　決算日　　Ｂ　現在

b　Ａ　株主総会　Ｂ　現在

c　Ａ　決算日　　Ｂ　将来

d　Ａ　株主総会　Ｂ　将来

問題2　次の債務保証に関する解説で（　）内に入る語句の組み合わせとして最も適切なものはどれか。

「主たる債務者が債務を履行しない場合、（ Ａ ）がその債務を履行する責任を負うことを契約することにより、（ Ｂ ）の債権を担保するものである。」

a　Ａ　債務者　　　Ｂ　債権者
b　Ａ　保証人　　　Ｂ　債権者
c　Ａ　保証人　　　Ｂ　債務者
d　Ａ　債務者　　　Ｂ　債務者

問題3　債務保証に関する記述で適切でないものはどれか。

a　損失発生の可能性が低い場合、貸借対照表へ注記する。
b　損失発生の可能性が高く、金額の合理的見積りが可能であれば引当金を計上する。
c　債務保証損失引当金の繰入額は、営業外費用又は特別損失に計上する。
d　債務保証損失引当金の流動・固定の区分は、正常営業循環基準による。

問題4　保証人に認められる権利について適切なものはどれか。

Ａ　催告の抗弁権
Ｂ　検索の抗弁権
Ｃ　分別の利益

a　Ａ、Ｂ
b　Ａ、Ｃ
c　Ａ、Ｂ、Ｃ
d　すべて認められない

問題5　次の連帯保証に関する解説で（　）内に入る語句の組み合わせとして最も適切なものはどれか。

「連帯保証人は、（ Ａ ）及び検索の抗弁権を持たないこと、また、連帯保証人が数人いても（ Ｂ ）を持たないことなどの点で、連帯保証は通常の保証よりも債権者にとって有利な制度である。」

a　Ａ　催告の抗弁権　　　Ｂ　分別の利益
b　Ａ　通知の抗弁権　　　Ｂ　分割の利益

c　A　催告の抗弁権　　　　B　分割の利益
d　A　通知の抗弁権　　　　B　分別の利益

問題6　債務保証の会計処理・注記について適切でないものはどれか。

a　損失の発生の可能性が高く、損失金額の見積もりが可能な場合には債務保証損失引当金を計上する。
b　損失の発生の可能性が高く、損失金額の見積りが不可能な場合には債務保証の金額を注記し、その理由及び主たる債務者の財政状態等を追加情報として注記する。
c　損失の発生がある程度予想される場合には債務保証の金額を注記し、主たる債務者の財政状態等を追加情報として注記する。
d　損失の発生の可能性が低い場合には、会計処理・注記ともに不要である。

問題7　債務保証等の偶発債務に係る財務諸表の注記事項として適切でないものはどれか。

a　係争事件の賠償義務
b　保証予約
c　経営指導念書の差し入れ
d　債務保証損失引当金

問題8　債務保証管理における債務保証料管理のリスクに関する記述で適切でないものはどれか。

a　承認された債務保証枠の確認を怠り、過大な債務保証の契約を締結する。
b　債務保証料の算定を誤る。
c　請求書発行が漏れる。
d　仕訳の計上額を誤る。

問題9　債務保証管理におけるグループ会社にかかる保証枠申請におけるリスクに対するコントロールに関する解説で（　）内に入る語句の組み合わせとして最も適切なものはどれか。

「担当者は、グループ会社からの債務保証申請内容とその財務内容からの債務保証の（　A　）を検証し、社内で定められた基準に従って債務保証申請がなされていることを確認する。また、融資管理台帳及び債務保証台帳とグループ会社からの借入残高明細報告を突合し、グループ会社への（　B　）な支配に該当しないことを確認する。」

a　A　安全性　　　B　形式的
b　A　成長性　　　B　実質的
c　A　成長性　　　B　形式的
d　A　安全性　　　B　実質的

貸付金管理

問題１　貸付実施前における融資先の調査事項に関する記述で最も適切でないものはどれか。

a　企業の財政状態・経営成績
b　企業の将来性
c　回収不能に対する貸倒引当金計上
d　会社設立状況・目的

問題２　元本の額が10万円以上100万円未満の場合、利息制限法による制限利率はどれか。

a　年20％
b　年18％
c　年15％
d　年６％

問題３　次の返済期限に関する解説で（　）内に入る語句の組み合わせとして最も適切なものはどれか。

「返済期限の約束がある場合、借主は約束に従って返済しなければならないが、返済期まで返さなくてもよいとする（　A　）を有する。また、約束がない場合でも貸主は（　B　）を定めて返還の催告として返済を求めることができる。」

a　A　期限の利益　　　B　最短の期間
b　A　返済の利益　　　B　最長の期間
c　A　返済の利益　　　B　相当の期間
d　A　期限の利益　　　B　相当の期間

問題４　融資契約に関する記述で適切でないものはどれか。

a　利息付きの貸し金の場合、返済期限前までに返済しても、原則として返済期限までの利息を支払う。

b　返済期限を過ぎると債務不履行になり遅延損害金が発生する。

c　遅延損害金の利率は契約当事者間で定めていない場合には法定利率が適用される。

d　借主は、返済期においてのみ返済ができる。

問題5　融資管理台帳に関する記述として適切なものはどれか。

a　融資管理台帳により、元本の増減及び利息の回収状況等を把握する。

b　融資管理台帳が完備されていれば、融資先への残高確認は必要ない。

c　返済が延滞している場合には、融資管理台帳から融資額を消去する。

d　融資契約書が完備されていれば融資管理台帳は必要ない。

問題6　貸付金の元本及び利息回収に関する記述のうち最も適切なものはどれか。

a　請求内容の確認は、融資契約書、融資元本残高、返済スケジュール、請求額、請求内容を確認する。

b　請求書を発行すれば、入金の確認は不要である。

c　利息は、一般的に融資期間終了時に回収することになるが、決算時期をまたがっても特段の処理は必要ない。

d　融資先に対し、請求書を作成し、返済請求を実施した時点で融資返済仕訳を計上する。

問題7　貸付金管理における融資実行のリスクに関する記述で適切でないものはどれか。

a　支払依頼の金額を誤り、契約と異なった金額の融資金が送金される。

b　融資事実と異なった融資仕訳が計上される。

c　請求書の記載金額を誤り、請求金額に過不足が生じる。

d　支払依頼が漏れ、融資が実行されない。

問題8　元本返済や利息回収の遅延・延滞事実の把握が漏れるというリスクに対するコントロールに関する記述で適切なものはどれか。

a　返済スケジュール上の元本返済日及び利息回収日においては、融資先からの入金の有無及び金額を確認し、返済スケジュールどおりの入金がない場合は、融資先は問い合わせを実施する。

b　財務データ、信用調査調書、取引履行状況等を確認し、融資条件に照らして融資条件変更可否を検証する。

c　融資先からの融資残高回答額と融資残高管理台帳を突合し、残高を確認する。

d　契約書及び入金証憑と融資管理台帳を突合し、元本増減及び利息回収の記録を確認する。

借入金管理

問題１　長期借入金の目的として最も適切なものはどれか。

a　設備資金

b　納税資金

c　賞与資金

d　決算資金

問題２　借入を実行する際、金融機関に提出する添付書類として適切でないものはどれか。

a　会社の登記簿謄本

b　主要簿

c　法人税確定申告書

d　役員名簿

問題３　貸付側からみた借入形態の分類について適切でないものはどれか。

a　手形貸付

b　証書貸付

c　電子記録債権割引

d　当座借越

問題４　以下の資料のもとで、×2年３月31日の財務諸表に計上される項目の組み合わせのうち、適切なものはどれか。

（資料）

借入日：×1年10月１日

借入金：6,000,000円

借入期間：５年（３月と９月の各末日均等返済）

決算日：３月31日

a　短期借入金　　0　　長期借入金　5,400,000

b　短期借入金　600,000　長期借入金　4,800,000
c　短期借入金　1,200,000　長期借入金　4,200,000
d　短期借入金　1,800,000　長期借入金　3,600,000

問題５　利息の計算方法として適切でないものはどれか。

a　片端入れは利息の日数計算において、借入日と返済日のどちらかを借入日数に含める方法である。
b　両端入れは利息の日数計算において、借入日も返済日も借入日数に含める方法である。
c　民法の原則では、利息計算期間は借入日から返済日までの日数が計算される。
d　金融機関から融資を受ける場合の利率は、各銀行の金融取引の方針によって異なる。

問題６　借入金管理における借入金返済のリスクに関する記述で適切でないものはどれか。

a　返済額・返済期日を誤る。
b　長期・短期の区分など借入契約とは異なった金額の借入金仕訳が計上される。
c　資金計画を誤り、返済資金を手当てできない。
d　請求内容と支払依頼の確認を怠り、支払を誤る。

問題７　実際の借入金残高と借入金台帳の借入金残高が一致しないというリスクに対するコントロールに関する記述で適切なものはどれか。

a　借入金台帳と仕訳伝票を突合し、計上内容を確認する。
b　支払依頼書と証憑書類を突合し、金額を確認する。
c　登記簿謄本を確認し担保抹消がなされていることを確認する。
d　借入金台帳と金融機関からの残高確認書を突合し、借入金残高を確認する。

社債管理

問題１　次の社債の発行に関する解説で（　）内に入る語句の組み合わせとして最も適切なものはどれか。

「社債の発行は、企業による資本市場からの証券発行形式による（Ａ）資金調達方法の１つである。広く一般から資金調達ができる点と、増資と異なり

（ B ）の増加を伴わない点に特徴がある。」

a　A　短期　　　B　資本
b　A　短期　　　B　負債
c　A　長期　　　B　負債
d　A　長期　　　B　資本

問題2　社債の評価に関する説明文の（　）内に入る語句の組み合わせとして適切なものはどれか。

「社債を発行した場合、（ A ）をもって貸借対照表価額とする。ただし、社債を社債金額よりも低い価額又は高い価額で発行した場合には、（ B ）に基づいて算定された額をもって貸借対照表価額とする。」

a　A　発行価額　　　B　償却原価法
b　A　発行価額　　　B　時価法
c　A　決算時の時価　B　償却原価法
d　A　決算時の時価　B　時価法

問題3　次の社債管理者に関する解説で（　）内に入る語句の組み合わせとして最も適切なものはどれか。

「社債管理者は、（ A ）のために弁済を受ける等の業務を行うのに必要な一切の権限を有する者であり、無担保社債を発行する会社に際しては、（ B ）保護の観点から会社法上、設置が義務付けられている。」

a　A　取締役　　　B　投資家
b　A　社債権者　　B　社債発行会社
c　A　取締役　　　B　社債発行会社
d　A　社債権者　　B　投資家

問題4　社債を性質により分類した場合、適切でないものはどれか。

a　公募社債
b　普通社債
c　転換社債型新株予約権付社債
d　新株予約権付社債

問題５　社債の発行手続きの手順について適切なものはどれか。

A　募集社債の申込
B　金銭の払い込み
C　募集社債の割当
D　募集社債に関する事項の決定

a　　B→A→D→C
b　　D→A→B→C
c　　D→A→C→B
d　　D→B→C→A

問題６　社債権者集会の決議事項について適切なものはどれか。

A　社債の全部についてする支払猶予
B　債務不履行によって生じた責任免除又は和解
C　社債の全部についてする訴訟行為

a　Aのみ
b　Bのみ
c　A、B
d　A、B、C

問題７　社債管理における社債償還のリスクに関する記述で適切でないものはどれか。

a　支払金額を誤り、社債償還額を誤る。
b　償還スケジュールの確認が漏れ、償還が実施されない。
c　元本増減時に社債台帳への記帳が漏れる。
d　社債契約とは異なった金額の社債償還仕訳が計上される。

問題８　社債利息対象期間・利率・発行額を誤り、社債利息の算定を誤るというリスクに対するコントロールに関する記述で適切なものはどれか。

a　社債台帳と仕訳台帳を突合し、金額を確認する。
b　社債利息算定結果と社債管理会社から利息計算書を突合し、金額を確認する。
c　社債発行のタイミングが近づいた場合には格付け機関との連絡を密にし、必要書類リストを事前に作成して提出書類と突合し、書類に漏れがないことを確認する。

d　社債発行に伴う必要契約リストを作成し、契約進捗を管理、確認する。

デリバティブ取引管理

問題1　下記の取引のうちデリバティブ取引に該当しないものはどれか。

a　先渡取引

b　先物取引

c　スワップ取引

d　損益取引

問題2　デリバティブ取引の目的に該当しないものはどれか。

a　投機目的

b　管理目的

c　ヘッジ目的

d　裁定取引

問題3　オプション取引に関する解説で（　）内に入る語句の組み合わせとして最も適切なものはどれか。

「オプション取引は、将来に特定の条件で取引をすることができる権利の取引であり、買う権利を（ A ）オプション、売る権利を（ B ）オプションという。」

a　A　コール　　B　プット

b　A　コール　　B　ヘッジ

c　A　プット　　B　コール

d　A　プット　　B　ヘッジ

問題4　デリバティブ取引の認識基準に該当するものはどれか。

a　検収日基準

b　入出金基準

c　約定基準

d　発生基準

問題5　ヘッジ会計の処理について適切でないものはどれか。

a　ヘッジ会計の方法には繰延ヘッジと時価ヘッジがあるが、原則的方法は時価ヘッジである。

b　繰延ヘッジは時価評価されているヘッジ手段に係る損益又は評価差額をヘッジ対象の係る損益が認識されるまで純資産の部において繰り延べる方法である。

c　時価ヘッジはヘッジ対象である資産又は負債に係る相場変動などを当期の損益に反映させ、その損益とヘッジ手段に係る損益とを同一の会計期間に認識させる方法である。

d　ヘッジ会計は、適用要件を満たした取引についてのみ適用される。

問題6　ヘッジ会計に関する解説で（　）内に入る語句の組み合わせとして最も適切なものはどれか。

「ヘッジ会計とは、ヘッジ対象に係る損益とヘッジ手段に係る損益を同一の会計期間に認識し、ヘッジの効果を会計に反映させるための会計処理であり、通常、ヘッジ取引は（ A ）の相殺や、キャッシュフローの（ B ）を目的として実行される。」

a　A　債権債務　　B　変動化
b　A　相場変動　　B　固定化
c　A　債権債務　　B　固定化
d　A　相場変動　　B　変動化

問題7　デリバティブ取引に関する解説で（　）内に入る語句の組み合わせとして最も適切なものはどれか。

「デリバティブ取引により生じる正味の債権及び債務は、（ A ）をもって貸借対照表価額とし、評価差額は、原則として、（ B ）として処理する。」

a　A　時価　　B　純資産の部に評価差額金
b　A　取得原価　　B　当期の損益
c　A　取得原価　　B　純資産の部に評価差額金
d　A　時価　　B　当期の損益

問題8　デリバティブ管理における取引実行のリスクに関する記述で適切でないものはどれか。

a　ヘッジ方針に合致しない商品を選択する。
b　取引先に誤った取引要件が通知される。

c　市場価格の確認を誤り、誤ったタイミングで権利行使を行う。
d　ヘッジ取引による実現損益の算定を誤る。

問題9　ヘッジ方針策定にかかるリスクに対するコントロールに関する解説で（　）内に入る語句の組み合わせとして最も適切なものはどれか。

「（ A ）取引の方針及び取引内容をふまえ、（ A ）取引における（ B ）の所在を明確にしたうえで（ C ）取引方針を策定する。」

a　A　先物　　B　実現性　　C　現物
b　A　現物　　B　実現性　　C　ヘッジ
c　A　現物　　B　リスク　　C　ヘッジ
d　A　先物　　B　リスク　　C　現物

外貨建取引管理

問題1　外貨建取引に関する解説で空欄に入る組み合わせはどれか。

「銀行間相場には、（ A ）為替相場と（ B ）為替相場がある。」

a　A　買い　　B　売り
b　A　直接　　B　間接
c　A　相対　　B　絶対
d　A　直物　　B　先物

問題2　期末に米ドル建売掛金を保有していた場合、換算替えにより生じる項目として適切なものはどれか。なお、為替相場は、売掛金計上時から円高基調である。

a　為替差損
b　為替差益
c　為替換算調整勘定
d　差額は生じない

問題3　為替予約に関する解説で（　）内に入る語句として適切なものはどれか。

「為替予約において、予め約定していた交換レートを（　）という。」

a　スポット・レート

b　フォワード・レート
c　ヒストリカル・レート
d　クロージング・レート

問題4　外貨建有価証券の換算として適切なものはどれか。

a　外貨建売買目的有価証券については、外国通貨による時価を決算時の為替相場で換算する。
b　外貨建満期保有目的債券については、外国通貨による償却原価を決算時の為替相場で換算しなければならない。
c　時価のある外貨建その他有価証券については、外国通貨の取得原価を決算時の為替相場で換算する。
d　外貨建子会社株式・関連会社株式については、決算時の為替相場で換算する。

問題5　外貨建有価証券の換算差額として適切なものはどれか。

a　外貨建子会社株式・関連会社株式における換算差額は為替差損益として処理する。
b　外貨建満期保有目的債券における換算差額は、有価証券利息として処理する。
c　外貨建売買目的有価証券における換算差額は、有価証券評価損益として処理する。
d　外貨建その他有価証券における換算差額は、その他有価証券評価損益として処理する。

問題6　在外子会社等の決算日が連結決算日と異なる場合の取扱いに関する解説で（　）内に入る語句の組み合わせとして最も適切なものはどれか。

「在外子会社等の決算日が、連結決算日と異なる場合には、原則として貸借対照表項目（純資産の部を除く）は在外子会社の（　A　）における為替相場、損益計算書は在外子会社等の会計期間に基づく（　B　）によりそれぞれ換算する。」

a　A　決算日　　　B　期中平均相場
b　A　取得日　　　B　取得日相場
c　A　決算日　　　B　取得日相場

d　A　取得日　　　　B　期中平均相場

問題7　為替予約等の振当処理に関する記述のうち適切でないものはどれか。

a　振当処理は、円貨によるキャッシュフローが固定されている場合に採用が認められている。

b　振当処理を適用する場合には、会計方針として決定する必要がある。

c　振当処理を適用する場合には、ヘッジ会計の要件を満たす必要がある。

d　振当処理は、同一企業内で統一的に適用する。

問題8　期末に米ドル建の前受金の残高がある場合、換算替えにより生じる項目として適切なものはどれか。なお、為替相場は前受金計上時から円安基調である。

a　為替差損

b　為替差益

c　為替換算調整勘定

d　為替差損益等は生じない

問題9　外貨建取引管理における為替予約管理のリスクに関する記述で適切でないものはどれか。

a　為替予約方針で為替予約を付すべきとされた取引に、為替予約が付されていない。

b　スポットレートの確認を誤り、自社にとって不利な為替予約レートで予約実行する。

c　期末為替レートの把握を誤り、期末評価換算を誤る。

d　為替予約契約とは異なった金額の為替取引仕訳が計上される。

資金管理

問題1　新株発行（増資）に関する記述で適切でないものはどれか。

a　返還を要しない長期安定資金である。

b　固定的な債務の利子を払う必要はない。

c　比較的安定した他人資本である。

d　証券として売買の市場を持っている。

問題2　利息の支払額をキャッシュ・フロー計算書に計上する場合の区分として適切なものはどれか。

A　営業活動によるキャッシュ・フロー（小計より上）
B　営業活動によるキャッシュ・フロー（小計以下）
C　投資活動によるキャッシュ・フロー
D　財務活動によるキャッシュ・フロー

a　A又はC
b　A又はD
c　B又はC
d　B又はD

問題3　キャッシュフロー計算書についての次の説明について（　）内に入る語句の組み合わせで最も適切なものはどれか。

「キャッシュフロー計算書は一会計期間におけるキャッシュの増減を表示する（ A ）である。営業区分、（ B ）、財務区分の３つに区分されている。」

a　A　収支資金表　　B　経常区分
b　A　収支資金表　　B　投資区分
c　A　財務諸表　　B　経常区分
d　A　財務諸表　　B　投資区分

問題4　営業活動によるキャッシュフローに関する記述で適切でないものはどれか。

a　営業損益計算の対象となった取引に関わるキャッシュフロー
b　支払利息、受取利息、受取配当金に関わるキャッシュフロー
c　法人税などの支払額
d　配当金の支払い

問題5　投資活動によるキャッシュフローに関する記述で適切でないものはどれか。

a　有形固定資産の取得による支出
b　有価証券の売却による収入
c　貸付けによる支出

d　自己株式の取得による支出

問題6　キャッシュフロー計算書に関する記述で適切でないものはどれか。

a　決算日から満期日あるいは償還日までの期間が３ヵ月以内の定期預金や譲渡性預金、コマーシャルペーパーは、現金同等物の範囲に含まれる。

b　キャッシュフロー計算書の作成について、投資活動及び財務活動によるキャッシュフローの計算区分は、直接法と間接法いずれの方法でも同じ記載内容になる。

c　営業活動によるキャッシュフローの区分には、災害による保険金収入など投資活動や財務活動に含まれない事象も表示される。

d　キャッシュフロー計算書において、配当金の支払額と配当金の受取額は、異なる活動区分に表示される。

問題7　貸借対照表残高の増減と収支に関する記述で適切なものはどれか。

a　売掛債権の増加は、収入の増加となる。

b　売掛債権の減少は、収入の減少となる。

c　買掛債務の増加は、支出の増加となる。

d　未払勘定の減少は、支出の増加となる。

問題8　投資評価の手法として適切でないものはどれか。

a　正味現在価値法

b　資産負債法

c　内部利益率法

d　回収期間法

問題9　資金管理における資金計画策定にかかるリスクに対するコントロールについて、下記の（　）内に当てはまる語句の組み合わせを選べ。

「担当者はマネジメントによる資金計画案の（ A ）を十分に検証し、（ B ）の確認を行う。」

a　A　期間配分　　B　実現性

b　A　期間配分　　B　客観性

c　A　策定根拠　　B　実現性

d　A　策定根拠　　B　客観性

解答解説

現金出納管理

解答1－c

現金と同じだけの流通性があるもの、いつでも現金に変えられるものは会計上は現金として取り扱う。具体的には次の項目がある。

①手元にある当座小切手
②郵便為替証書
③送金小切手
④振替貯金払出証書
⑤送金為替手形
⑥期限の到来した公社債の利札
⑦配当金領収証

なお、自己振出小切手は当座預金の増減として処理し、他人振出小切手は現金の増減として処理する。

解答2－d

当座預金には通帳が発行されず、当座預金の残高の把握は一定期間ごとに金融機関から送付されてくる「当座預金照合表」で行う。

解答3－b

未渡小切手は取引先に渡す予定で振り出したにもかかわらず、渡せないままになっている小切手のことであり、振出時に当座預金を減少させた処理を修正する必要がある。

解答4－b

「現金過不足勘定は、その発生原因が不明なとき（A**一時的**）に用いる勘定であるため、不一致の原因が判明した場合は適切な勘定科目に振り替え、判明しなければ（B**雑収入又は雑損失**）として処理する。」

現金過不足とは、現金の実際有高と帳簿残高が一致しない場合に用いる項目である。現金の実際有高と帳簿残高とが一致しないときは、その原因がわかるまでその不一致額を現金過不足勘定で処理しておき、後日原因が判明したときに正しい勘定に振り替える。原因が不明な場合は、決算において現金過不足の残高を雑収入（雑益）勘定又は雑損失（雑損）勘定に振り替える。

解答5－a

現金の取扱いと記帳担当は、分担して相互牽制を図るべきである。

解答6－b

支払いについては、一般的に以下のプロセスを経ることになる。

①支払依頼に対し各証憑書類等をもとに精査を行う。
②精査事実を踏まえ、支払いの手続きを実行する。
③支払事実を踏まえ、支払いの仕訳を計上する。

bの支払伝票の作成は、③のプロセスで実施される。

解答7－d

ペイオフとは、金融機関が破綻した場合に預金保険機構が預金者に直接支払いを行うことをいい、保護の範囲は以下の通りである。

・当座預金などの決済預金　…全額保護
・普通預金、定期預金などの一般預金…金融機関ごとに預金者一人当たり元本1,000万円までと利息
・外貨預金、譲渡性預金等　…保護対象外

解答8－a

ファームバンキングは基本的には法人向けのサービスであり、利用するには申し込み（契約）が必要である。

解答9－d

D　期日別債権残高の確認
B　入金予定日確認・支払通知書確認
A　入金内容の確認
C　該当部門への通知

解答10－d

証憑書類の精査が漏れ、実体のない支払が行われるのは、銀行振込支払に関するリスクである。この場合、契約書・請求書等の証憑書類と支払依頼書を突合し、支払い内容を確認する。

解答11－b

aは現金出納帳への記載を誤るリスクに対するコントロールである。cは利

用頻度の低い取引口座が維持され、資金効率が低下するリスクに対するコントロールである。dは小口現金について不必要な額の補充が行われるリスクに対するコントロールである。

手形管理

解答1－b

電子記録債権債務の発生記録は債務者だけでなく、債権者による発生記録が可能である。

解答2－a

電子記録債権を金融機関で割り引いた場合は、電子記録債権を減少させる。また、割引の場合は手数料が差し引かれ、電子記録債権売却損で処理する。

解答3－c

支払期日に資金不足となった場合、債務者に対して支払不能処分が課される。（A **6ヵ月**）以内に（B **2**）回支払不能が発生した債務者に対して、債務者としての電債の利用、および参加金融機関における貸出取引が（C **2年間**）停止される。

解答4－c

電子記録債権債務は法人、個人事業主、国・地方公共団体が対象であり、個人事業主でない個人消費者は利用することができない。また、本邦居住者、反社会的勢力に属さない等の属性要件がある。

解答5－b

電子記録債権債務の発生記録の記録事項は次の通りである。

・債権金額
・発生日…発生記録の効力が生じる年月日
・支払期日…発生記録日の３銀行営業日後から10年後の応答日
・債務者情報…利用者番号、決済口座情報等
・債権者情報…利用者番号、決済口座情報等

解答6－b

電子記録債権債務の債権者は、インターネットバンキング等を利用して、債権金額や支払期日等を確認する。

a　決済口座への資金準備は債務者の処理である。
c　電子記録債権の割引は期日前に行う資金調達の一種である。
d　電子記録債権債務の決済は支払期日に自動送金されるため、取り立て依頼をする必要はない。

解答7－c

債務者が発生記録をするためには、債務者情報・債権者情報（利用番号、決済口座）・支払期日などが必要である。

a　電子記録債権債務の発生記録にあたっては、印紙税は非課税となる。
b　取引先が電子記録債権債務の利用登録をしていないと電債で支払うことはできない。
d　支払期日は発生記録日の３銀行営業日からである。

解答8－c

電子記録債権債務の開示権限者は利害関係者と金融機関のみであり、開示範囲は次の通りである。

・発生記録
・分割記録
・最新の譲渡記録
・保証記録
・支払等記録
・差し押さえ等の記録

解答9－a

小切手には以下のような特徴がある。

①支払期日がない
②呈示期間は振出日の翌日から10日間
③呈示期間中に支払依頼の取消しができない
④受取人の記載が不要の持参人払式
⑤裏書きをすることなく権利譲渡が行える
⑥印紙不要

解答10－c

電子記録債権債務は利用者属性情報、支払期日、債権金額等の変更ができる。変更記録は、変更する記録事項、変更原因、変更後の内容が記録される。また、支払方法を分割払いとする記録は取り扱いができない。

解答11－d

未渡小切手	当社が支払いのために小切手を振り出したにもかかわらず、いまだ取引先に渡されずに手許に残っている小切手。
未取付小切手	当社が支払いのために小切手を振り出し、取引先に渡したにもかかわらず、いまだ取引先から銀行に提示されていない小切手。
先日付小切手	実際の振出日より先の日付を記載して振り出す小切手。

解答12－c

ａは受取手形仕訳の計上額を誤るリスクに対するコントロールである。ｂは受取手形の支払対象とは別の債権が消し込まれるリスクに対するコントロールである。ｄは受取手形管理台帳の記載内容もしくは記載金額を誤るリスクに対するコントロールである。

解答13－b

先日付小切手は、実際の振出日よりも先の日付で振出日が設定される小切手である。振出人の資金繰りなどの理由で現在は残高がなくても、設定日に資金の確保が見込める場合などに使用される。

ただし、この設定された日付に法的な効力はないため、振出日前であっても、持参人が換金手続きを行えば支払は実行される。

有価証券管理

解答１－d

株価収益率（PER）は株価が１株当たり当期純利益（EPS）の何倍に評価されているかを表す指標であり、下記の計算式で求める。

株価収益率（PER）＝　株価　÷　１株当たり当期純利益（EPS）

本問の場合、300,000　÷　15,000　＝　20倍　となる。

解答２－d

配当収入は債券投資ではなく、株式投資の収益である。

解答３－a

配当利回りは配当から投資効率を判断する指標であり、下記の計算式で求める。

配当利回り（％）＝　１株当たり配当　÷　株価　×　100
本問の場合、6,000　÷　300,000　×　100　＝　２％　となる。

解答４－ｃ

金融商品に関する会計基準では、保有目的により次の４つに区分している。

売買目的有価証券	時価の変動により利益を得ることを目的として保有する有価証券である。通常は、同一銘柄に対して相当程度の反復的な購入と売却が行われるものをいう。
満期保有目的の債券	満期まで保有する意図をもって保有する債券である。企業が償還期限まで所有するという積極的な意思が必要となる。なお、満期保有目的の債券に分類するためには、価格変動リスクがなく、あらかじめ定められた償還日があり、かつ額面金額で償還が行われることが必要である。
子会社及び関連会社株式	子会社株式とは、支配力の行使を目的として保有する株式であり、関連会社株式とは、影響力の行使を目的として保有する株式である。
その他有価証券	売買目的有価証券、満期保有目的の債券、子会社及び関連会社株式のいずれにも分類できない有価証券である。これは、長期的な時価の変動により利益を得ることを目的として保有する有価証券又は業務提携などの目的で保有する有価証券などが該当する。

解答５－ａ

ａ　連結財務諸表を作成するにあたり、関連会社株式については持分法を適用するが、個別財務諸表では原価評価となる。

ｂ　売買目的有価証券以外の有価証券については減損処理の対象となる。時価が著しく下落したときは、回復する見込みがあると認められる場合を除いて時価を貸借対照表価額としなければならない。

ｃ　満期保有目的債券は貸借対照表日の翌日から起算して満期まで１年超であれば投資その他の資産に投資有価証券として表示され、満期まで１年以内であれば流動資産の部に有価証券として表示される。

ｄ　その他有価証券を時価評価した場合の評価差額については、評価益でも評価損でも純資産の部に計上する方法（全部純資産直入法）と、評価益ならば純資産の部へ計上し、評価損の場合は当期の損失として認識する方法（部分純資産直入法）がある。

解答６－ｂ

有価証券の区分　　　　　　　　　　　　　会計処理

Ⅰ　売買目的有価証券 ……………………… Ⅴ　当期の損益

Ⅱ　その他有価証券…………………………Ⅵ　純資産の部

Ⅲ　満期保有目的債券 ……………………… Ⅶ　認識せず

Ⅳ　子会社及び関連会社株式 …………… Ⅶ　認識せず

解答７－ｂ

売買目的有価証券については、時価により評価する。評価差額を損益計算書に当期の損益として認識する。売買目的有価証券の評価差額は、売却が予定されており、また、企業が保有している期間の財務活動の成果を表すため、実現損益に準ずる性格のものとして当期の損益に含めるものとされている。なお、有価証券運用損益は、有価証券評価損益として処理してもよい。

解答８－ｂ

金融商品取引法上の有価証券は国債証券、社債券、株券、新株予約権証券、投資信託の受益証券などが定義されている。郵便為替証書は印紙税法上の有価証券となる。

解答９－ｂ

「市場価格のない株式は（Ａ**取得原価**）をもって貸借対照表価額とするが、当該株式の発行会社の財政状態の悪化により（Ｂ**実質価額**）が著しく低下したときは減損処理を行い、評価差額を当期の損失として計上する。」

市場価格のない株式については、発行会社の財政状態の悪化により実質価額が著しく低下したときは相当の減額をし、評価差額を当期の損失として処理する。

解答10－ａ

上場株式の時価評価額の算定については、時価評価に関するリスクである。この場合、評価対象証券を特定し、有価証券管理台帳及び株価を確認し、評価額が適切に算定されていることを確認するべきである。

解答11－ｂ

ａは支払依頼の確認を怠り、支払いを誤るリスクに対するコントロールである。ｃは投資決定とは異なる内容で契約書を締結するリスクに対するコントロールである。dは有価証券計上額を誤るリスクに対するコントロールである。

解答12－c

税務上の有価証券は、売買目的有価証券・満期保有目的等有価証券・その他有価証券の３つに区分される。

解答13－d

金融商品の選択の基準には次の３つのポイントがある。

・収益性…元本の値上がり益（キャピタル・ゲイン）と利息や配当（インカム・ゲイン）が大きいほど収益性は高い。

・安全性…元本と利息をどれほど確実に受け取れるか。値下がりや元本割れの危険があれば安全性は低い。

・流動性…どれほど容易に現金化できるか。解約手数料などが必要な場合は流動性は低い。

債務保証管理

解答１－c

「債務の保証、係争事件に係る賠償義務及び保証類似行為等のように、（A**決算日**）時点では発生していないが、（B**将来**）発生する可能性がすでに存在しており、将来の条件次第では発生が想定される潜在的な債務。」

偶発債務については、発生する可能性が低い場合には貸借対照表に当該債務に関して注記する必要がある。発生する可能性が高く、金額を合理的に見積ることができる場合には貸倒引当金として計上することになる。

解答２－b

「主たる債務者が債務を履行しない場合、（A**保証人**）がその債務を履行する責任を負うことを契約することにより、（B**債権者**）の債権を担保するものである。」

主たる債務者が債務を履行しない場合、保証人がその債務を履行する責任を負うことを契約することにより債権者の債権を担保する。なお、債務保証が実行され、保証人が弁済その他によって主たる債務を消滅させたときは、保証人は主たる債務者に求償できる。

解答３－d

債務保証損失引当金の流動・固定負債の区分は、１年基準による。

解答4－c

保証人には催告の抗弁権、検索の抗弁権、分別の利益が認められている。なお、連帯保証人にはいずれの権利も認められない。

解答5－a

「連帯保証人は、（A**催告の抗弁権**）及び検索の抗弁権を持たないこと、また、連帯保証人が数人いても（B**分別の利益**）を持たないことなどの点で、連帯保証は通常の保証よりも債権者にとって有利な制度である。」

連帯保証とは、保証人が主たる債務者と連帯して保証債務を負担することである。この保証は、主たる債務者について生じた事由はすべて連帯保証人にその効力が及ぶことになる付従性を有している。

解答6－d

損失の発生の可能性が低い場合には、債務保証の金額を注記する。

解答7－d

偶発債務（債務の保証、係争事件に係る賠償義務その他、まだ発生していない債務で、将来において事業の負担となる可能性のあるもの）がある場合には、その内容及び金額を注記する。

また、財務諸表の注記対象となる債務保証には、通常の債務保証のほか、以下のような保証類似行為も含まれる。

①保証予約額

②経営指導念書等の記載内容が保証契約又は保証予約契約と実質的に同様であると認められる場合の保証相当額

なお、債務保証損失引当金は、注記事項ではなく、貸借対照表の流動負債又は固定負債に計上される。

解答8－a

承認された債務保証枠の確認を誤り、過大な債務保証の契約を締結するのは、債務保証契約に関するリスクである。この場合、承認された債務保証枠条件と契約書を突合し、内容を確認するべきである。

解答9－d

「担当者は、グループ会社からの債務保証申請内容とその財務内容からの債務保証の（A**安全性**）を検証し、社内で定められた基準に従って債務保証申請がなされていることを確認する。また、融資管理台帳及び債務保証台帳とグループ会社からの借入残高明細報告を突合し、グループ会社への（B**実質的**）な支配に該当しないことを確認する。」

それぞれ①財務内容の安全性の確認を誤り、過大な債務保証枠を設定するリスクと、②実質支配力の確認を誤り、連結範囲を誤るリスクに対するコントロールといえる。

貸付金管理

解答１－c

貸付実施前における調査事項としては、①企業の財政状態・経営成績、②企業の将来性、③会社設立状況・目的、④事業内容の変遷等である。なお、**回収不能に対する貸倒引当金計上**は、貸付けの後、回収の調査事項である。

解答２－b

利息制限法による制限利率は次の通りである。

10万円未満の場合	：年20％
10万円以上100万円未満の場合	：年18％
100万円以上の場合	：年15％

解答３－d

「返済期限の約束がある場合、借主は約束に従って返済しなければならないが、返済期まで返さなくてもよいとする（A**期限の利益**）を有する。また、約束がない場合でも貸主は（B**相当の期間**）を定めて返還の催告として返済を求めることができる。」

契約で履行期限が定められている場合、期限が到来するまでの間は、債務の履行が猶予される。ただし、借主が民法13条に規定される①破産手続開始の決定を受けたとき、②担保を滅失、損傷、減少させたとき、③担保提供義務を怠ったときは、期限の利益を主張できない。また、期限の利益喪失条項を結び、その事項に該当した場合にも期限の利益を主張できない。

解答４－d

借主はいつでも返済可能である。なお、利息付きの貸付金の場合、返済期限前までに返済しても、原則として返済期限までの利息を支払うことになる。

解答5－a

b　融資管理台帳が完備されていても、融資先への残高確認は状況に応じて必要である。

c　返済が遅延や延滞している場合には、事実確認するとともに債権保全等の対応策を策定、実施する。

d　融資契約書ごとに管理するのでは、契約書の破損・紛失や手続きの煩雑さが伴う。このため融資契約書の内容に基づいた融資管理台帳を作成することで、管理の効率化が図られる。

解答6－a

元本回収における請求内容の確認事項としては、融資契約書、融資元本残高、返済スケジュール、請求額、請求内容などが含まれる。

解答7－c

請求書の記載金額を誤り、請求金額に過不足が生じるのは、元本回収に関するリスクである。この場合、融資管理台帳と請求書の記載金額を突合し、請求金額を確認するべきである。

解答8－a

ｂは融資条件変更の可否判断を誤り、適正な額を超えた融資額を承認するリスクに対するコントロールである。ｃは融資残高の確認を誤るリスクに対するコントロールである。ｄは元本増減及び利息の回収の記帳を誤るリスクに対するコントロールである。

借入金管理

解答1－a

会計上、決算日の翌日から１年以内に返済するものを短期借入金、１年を超えて返済するものを長期借入金と分類する。土地、建物、機械といった長期に渡って使用する資産は、その長期間の使用によって投下資本を回収するものである。よって、設備資金のための借り入れはすぐに返済するのではない長期借入金が適している。

解答2－b

借入の際、金融機関に提出する添付書類として、一般的に必要なものは次の通りである。

・会社が存在することを表す書類：法人印鑑証明書、商業登記簿謄本、定款、許認可証書等
・会社の構成を表す書類：役員名簿、株主名簿、会社案内等
・会社の状況を表す書類：決算書３期分、法人税確定申告書等
・保証人、担保等に関する書類

解答３－d

a　手形貸付とは借用証書の代わりに借入れる側が銀行宛の手形を振り出し、これと引き換えに銀行から借入れをする方法である。
b　証書貸付とは借入れの内容や条件などを記載した金銭消費貸借契約証書を差し入れた上で、借入れをする方法である。
c　電子記録債権割引とは電子記録債権を、支払期日前に銀行などに買い取ってもらう方法である。
d　当座借越は借入れ側の項目である。

解答４－c

借入金額6,000,000円のうち、600,000円は×２年３月末に返済済みである。借入金残高5,400,000円のうち、1,200,000円は決算日の翌日から１年以内に返済するため短期借入金に計上し、4,200,000円は長期借入金に計上する。

解答５－c

両端入れは、借入日と返済日の両方を借入日数に含める利息の日割り計算方法である。片端入れは借入日と返済日のどちらかを借入日数に含める利息の日割り計算方法である。なお、民法の原則では、利息計算期間は初日不算入として計算する。

解答６－b

長期・短期の区分など借入契約とは異なった金額の借入金仕訳が計上されるのは、借入実行に関するリスクである。この場合、契約書と仕訳伝票を突合し、借入計上額を確認する。

解答７－d

ａは返済事実と異なった金額の借入返済仕訳が計上されるリスクに対するコントロールである。ｂは請求内容と支払依頼の確認を怠り、支払いを誤るリスクに対するコントロールである。ｃは返済期日の確認、担保設定の抹消確認が

漏れるリスクに対するコントロールである。

社債管理

解答1－d

「社債の発行は、企業による資本市場からの証券発行形式による（A**長期**）資金調達方法の1つである。広く一般から資金調達ができる点と、増資と異なり（B**資本**）の増加を伴わない点に特徴がある。」

社債とは会社が発行する債券であり、通常は、設備投資資金等長期的な資金を多数の投資家から調達することを目的としている。

解答2－a

「社債を発行した場合、（A**発行価額**）をもって貸借対照表価額とする。ただし、社債を社債金額よりも低い価額又は高い価額で発行した場合には、（B**償却原価法**）に基づいて算定された額をもって貸借対照表価額とする。」

解答3－d

「社債管理者は、（A**社債権者**）のために弁済を受ける等の業務を行うのに必要な一切の権限を有する者であり、無担保社債を発行する会社に際しては、（B**投資家**）保護の観点から会社法上、設置が義務付けられている。」

社債管理者とは、社債権者のために弁済の受領・債権の保全その他の社債の管理を行う者のことである。

会社が社債を発行する場合、社債管理者の設置が義務付けられる。ただし、以下の要件のいずれかを満たす場合には、社債管理者を置かないことができる。

①各社債の金額が1億円以上である場合

②ある種類の社債の総額を当該種類の各社債の金額の最低額で除して得た数が50を下回る場合

なお、社債管理者に就任できる者は銀行・信託銀行・担保付社債信託法第3条の免許を受けた者等に限られる。

解答4－a

公募社債は募集方法による分類であり、公募社債のほかに私募社債がある。

解答5－b

社債の発行手続きは以下の手順で行われる。

①募集社債に関する事項の決定

②募集社債の申込
③金銭の払い込み
④募集社債の割当

解答6－d

社債権者集会の決議事項は次の通りである。

・社債の全部についてする支払猶予
・債務不履行によって生じた責任免除又は和解
・社債の全部についてする訴訟行為
・破産手続、再生手続、更生手続、特別清算に関する手続きに属する行為

解答7－c

元本増減時に社債台帳への記帳が漏れるのは、社債残高管理に関するリスクである。この場合、社債発行時及び償還時には、元本増減を社債台帳に記載し、会計帳簿と突合し、記載に漏れがないことを確認する。

解答8－b

aは社債契約とは異なった金額の社債利息仕訳が計上されるリスクに対するコントロールである。cは格付け機関への格付け依頼に必要な書類が漏れ、格付けが取得できないリスクに対するコントロールである。dは社債管理会社との契約が遅れ、社債が発行できないリスクに対するコントロールである。

デリバティブ取引管理

解答1－d

デリバティブ取引には以下のようなものがある。

先物取引	将来のある時点であらかじめ定めた価格である商品を売買する約定で差額「売り・買いの差額」決済を行う取引。
先渡取引	将来のある時点にあらかじめ定めた価格である商品を売買する約定で現物決済を行う取引。
オプション取引	将来の一定時点又は一定期間において特定の基礎商品等を一定の価格で購入又は売却する権利を売買する契約。
スワップ取引	将来の一定期間に生じるキャッシュフローを交換する契約。同一通貨間で交換する場合には、金利のみ交換する「金利スワップ」となり、異種通貨間で交換する場合は、元本と金利の両方を交換する「通貨スワップ」となる。

解答2－b

デリバティブ取引の目的としては以下の３つが考えられる。

投機目的 （スペキュレーション）	収益を得ることを目的に、リスクをとってデリバティブに取り組むこと。
ヘッジ目的	保有資産及び負債が、金利、為替、有価証券等の相場変動によって被る損失を防ぐためにデリバティブを利用すること。
裁定取引 （アービトラージ）	従来の金融商品とデリバティブ取引の各市場の相場のずれを利用して、利鞘を得ること。

解答3－a

オプション取引は、将来に特定の条件で取引をすることができる権利の取引であり、買う権利を（A**コール**）オプション、売る権利を（B**プット**）オプションという。

解答4－c

約定基準とは有価証券等の取引を発生主義で認識する方法で、取引が成立した日（約定日）に資産の売買を認識する基準である。

解答5－a

ヘッジ会計の方法は、金融商品に関する会計基準では原則として繰延ヘッジを採用し、時価ヘッジを容認している。

解答6－b

「ヘッジ会計とは、ヘッジ対象に係る損益とヘッジ手段に係る損益を同一の会計期間に認識し、ヘッジの効果を会計に反映させるための会計処理であり、通常、ヘッジ取引は（A**相場変動**）の相殺や、キャッシュフローの（B**固定化**）を目的として実行される。」

ヘッジ会計とはヘッジ取引のうち一定の要件を満たすものについて、ヘッジ対象に係る損益とヘッジ手段に係る損益を同一の会計期間に認識し、ヘッジの効果を会計に反映させるための特殊な会計処理である。なお、ヘッジ取引とはヘッジ対象の資産又は負債に係る相場変動を相殺するか、ヘッジ対象の資産又は負債に係るキャッシュフローを固定してその変動を回避することにより、損失の可能性を減殺する目的で、デリバティブ取引をヘッジ手段として用いる取引である。

解答7－d

「デリバティブ取引により生じる正味の債権及び債務は、（A**時価**）をもって貸借対照表価額とし、評価差額は、原則として、（B**当期の損益**）として処理する。」

金融商品に関する会計基準では、デリバティブ取引により生じる正味の債権及び債務は時価をもって貸借対照表価額とし、評価差額は、原則として当期の損益として処理すると規定されている。一方で、ヘッジ取引のうち一定の要件を満たすものについては、ヘッジ対象に係る損益とヘッジ手段に係る損益を同一の会計期間に認識し、ヘッジの効果を反映させるヘッジ会計を適用することができる。

解答8－a

ヘッジ方針に合致しない商品を選択するのは、デリバティブの契約に対するリスクである。この場合、ヘッジ方針を確認し、ヘッジ目的に合致した商品を選択する必要がある。

解答9－c

「（A**現物**）取引の方針及び取引内容をふまえ、（A**現物**）取引における（B**リスク**）の所在を明確にしたうえで（C**ヘッジ**）取引方針を策定する。」

担当者はヘッジ取引の適用の可否について、まず、現物取引に関するリスクの所在を確認して適切なヘッジ方針を策定する必要がある。その後、契約、取引実行、ポジション管理、時価評価といった手続きを経ることになる。

外貨建取引管理

解答1－d

「銀行間相場には、（A**直物**）為替相場と（B**先物**）為替相場がある。」

外貨建取引の換算を行う場合に適用される外国為替相場には、直物為替相場と先物為替相場がある。直物為替相場とは外貨との交換が当日または翌日中に行われる場合に適用される為替相場であり、スポット・レートとも呼ばれる。これに対し、先物為替相場とは将来の時点で外貨と交換することを契約する取引に適用される為替相場であり、フォワード・レートとも呼ばれる。

解答2－a

為替相場が円高基調であるとは、たとえば、110円/ドルが100円/ドルになることである。

つまり、売掛金が1万ドルであるとすると取引当時は110万円であり、期末は100万円に目減りして換算差額は為替差損として処理することになる。

解答3－b

各レートの意味は次の通りである。

a　スポット・レート　　　…直物為替相場
b　フォワード・レート　…先物為替相場
c　ヒストリカル・レート…取得時の為替相場
d　クロージング・レート…決算時の為替相場

解答4－a

b　外貨建満期保有目的債券は、①償却原価法を適用している場合には、外国通貨による償却原価を決算時の為替相場により換算するか、②償却原価法を適用していない場合は外国通貨の取得原価を決算時の為替相場により換算する。
c　時価のある外貨建その他有価証券については、外国通貨の時価を決算時の為替相場で換算する。
d　外貨建子会社株式・関連会社株式については、取得時の為替相場で換算する。

解答5－c

a　外貨建子会社・関連会社株式については、取得時の為替相場で換算されるため、換算差額は生じない。
b　外貨建満期保有目的債券の換算差額については、為替差損益として処理する。なお、償却原価法を適用している場合の償却額については有価証券利息として処理する。
d　外貨建その他有価証券の換算差額については、全部純資産直入法又は部分純資産直入法により、「その他有価証券評価差額金」として処理するか、「その他有価証券（投資有価証券）評価損」として処理する。

解答6－a

「在外子会社等の決算日が、連結決算日と異なる場合には、原則として貸借対照表項目（純資産の部を除く）は在外子会社の（A**決算日**）における為替相場、損益計算書は在外子会社等の会計期間に基づく（B**期中平均相場**）によりそれぞれ換算する。」

在外子会社等の財務諸表項目の換算は、①損益計算書、②株主資本等変動計算書、③貸借対照表の順で換算する。

①損益計算書の換算

1）親会社との取引により生じた収益及び費用を親会社が換算に用いる為替相場により換算する。

2）1）以外の取引により生じた収益及び費用を原則として期中平均相場により換算する。ただし、決算時の為替相場により換算することもできる。

3）「当期純利益」を期中平均相場又は決算時の為替相場により換算し、株主資本等変動計算書に移記する。

4）損益計算書の貸借差額を為替差損益として処理する。

②株主資本等変動計算書の換算

1）「当期首残高」のうち、親会社による株式取得時における純資産項目は、株式取得時の為替相場により換算し、株式取得後に生じた増減額は、各年度における発生時の為替相場により換算する。

2）損益計算書から「当期純利益」を移記する。

3）その他の当期変動額を取引時の為替相場により換算する。

4）「当期末残高」を株主資本等変動計算書の貸借差額により求め、貸借対照表に移記する。

③貸借対照表の換算

1）資産及び負債を決算時の為替相場により換算する。

2）株主資本等変動計算書から純資産項目の「当期末残高」を移記する。

3）貸借対照表の貸借差額を「為替換算調整勘定」として処理し、「純資産の部（その他の包括利益累計額）」に計上する。

解答7－d

振当処理は同一企業内で各部門（セグメント）別に選択適用が可能となっている。

解答8－d

前受金は非貨幣性負債であるため、貸借対照表価額はＨＲ換算（取得時の為替相場）となる。よって為替差損益等は生じない。

解答9－c

期末為替レートの把握を間違えることによる期末評価換算を誤るのは、期末評価に関するリスクである。この場合、期末評価換算算定の為替レートと、社内の規定で参照することが定められた金融機関等が発表する為替レートを突合し、為替レートが正しいことを確認すべきである。

資金管理

解答1－c

新株発行（増資）は、他人資本ではなく株主（自己）資本である。また、株主資本の増加は財務指標の改善につながる場合が多い。なお、新株発行によると、株主から内部留保の確保や企業価値の向上を求められ調達コストが高くなることがあり、議決権の増加は経営への介入を招く可能性がある。

解答2－d

利息の支払額はキャッシュ・フロー計算書の営業活動によるキャッシュ・フロー（小計以下）または財務活動によるキャッシュ・フローに区分する。

解答3－d

「キャッシュフロー計算書は一会計期間におけるキャッシュの増減を表示する（A**財務諸表**）である。営業区分、（B**投資区分**）、財務区分の３つに区分されている。」

キャッシュフロー計算書は、貸借対照表、損益計算書と並んで重要とされている財務諸表で、上場企業において2000年３月期より作成が義務付けられた。

解答4－d

営業活動によるキャッシュフローの区分では営業損益計算の対象となった取引のほか、投資活動及び財務活動以外の取引によるキャッシャフローが記載される。法人税等の支払額、災害による保険金収入、損害賠償金の支払額等は投資活動及び財務活動以外の取引として営業活動によるキャッシュフローの区分に表示される。なお、配当金の支払いは財務活動によるキャッシュフローの区分に表示される。

解答5－d

投資活動によるキャッシュフローの区分に記載する主な項目は次のとおりである。

①有形固定資産及び無形固定資産の取得による支出
②有形固定資産及び無形固定資産の売却による収入
③有価証券（現金同等物を除く）及び投資有価証券の取得による支出
④有価証券（現金同等物を除く）及び投資有価証券の売却による収入
⑤貸付けによる支出

⑥貸付金の回収による収入

財務活動によるキャッシュフローの区分に記載する主な項目は次のとおりである。

①株式の発行による収入
②自己株式の取得による支出
③配当金の支払い
④社債の発行又は借入れによる収入
⑤社債の償還又は借入金の返済による支出

解答6－a

a　現金同等物とは「容易に換金可能であり、かつ、価値の変動について僅少なリスクしか負わない短期投資」のことをいう。短期投資の要件については満期日又は償還日までの期間が3ヵ月以内とされているが、起算時点は決算日からではなく取得日からである。

b　キャッシュフロー計算書において、直接法と間接法の相違点は営業活動によるキャッシュフローの部分だけである。

c　営業活動によるキャッシュフローの区分では、営業損益計算の対象となった取引のほか、投資活動及び財務活動以外の取引によるキャッシャフローが記載される。

d　受取利息・配当金や支払利息・配当金の区分については、継続適用を条件として次の2つの方法が認められている。

①　受取利息・受取配当金・支払利息→営業活動、支払配当金→財務活動
②　受取利息・受取配当金→投資活動、支払利息・支払配当金→財務活動

従って、いずれの方法でも、配当金の受取額と支払額は、異なる活動区分に表示される。

解答7－d

a　売掛債権の増加は、収入の**減少**となる。
b　売掛債権の減少は、収入の**増加**となる。
c　買掛債務の増加は、支出の**減少**となる。

解答8－b

投資評価の手法として、代表的なものは次の通りである。

・正味現在価値法…投資の回収額の現在価値と投資額を比較し、前者が大きければ投資案は適格だと判断する方法

・内部利益率法…内部利益率が資本調達コストを上回っていれば投資案は適格だと判断する方法
・回収期間法…キャッシュ・フローの合計額が初期投資額に達するまでの期間が投資期間を下回れば投資案は適格だと判断する方法

解答９－ｃ

「担当者はマネジメントによる資金計画案の（Ａ**策定根拠**）を十分に検証し、（Ｂ**実現性**）の確認を行う。」

担当者はマネジメントによる資金計画案が実現不可能あるいは効率性の悪いものになるのを回避するため、策定根拠を十分検証し実現性を確認する必要がある。

FASS スピード問《もん》題《だい》集《しゅう》〔第３版〕

2009年３月10日　初　版　第１刷発行
2024年３月15日　第３版　第１刷発行

編著者	TAC株式会社 （FASS研究会）
発行者	多田敏男
発行所	TAC株式会社　出版事業部 （TAC出版）

〒101-8383
東京都千代田区神田三崎町3-2-18
電話 03(5276)9492(営業)
FAX 03(5276)9674
https://shuppan.tac-school.co.jp

組版	株式会社　グラフト
印刷	株式会社　ワコー
製本	東京美術紙工協業組合

ISBN 978-4-300-10993-9
N.D.C.336

書籍の正誤に関するご確認とお問合せについて

書籍の記載内容に誤りではないかと思われる箇所がございましたら、以下の手順にてご確認とお問合せをしてくださいますよう、お願い申し上げます。

なお、正誤のお問合せ以外の**書籍内容に関する解説および受験指導などは、一切行っておりません。**
そのようなお問合せにつきましては、お答えいたしかねますので、あらかじめご了承ください。

1 「Cyber Book Store」にて正誤表を確認する

TAC出版書籍販売サイト「Cyber Book Store」の
トップページ内「正誤表」コーナーにて、正誤表をご確認ください。

CYBER BOOK STORE TAC出版書籍販売サイト

URL:https://bookstore.tac-school.co.jp/

2 1の正誤表がない、あるいは正誤表に該当箇所の記載がない ⇒ 下記①、②のどちらかの方法で文書にて問合せをする

★ご注意ください★

お電話でのお問合せは、お受けいたしません。
①、②のどちらの方法でも、お問合せの際には、「お名前」とともに、
「対象の書籍名(○級・第○回対策も含む)およびその版数(第○版・○○年度版など)」
「お問合せ該当箇所の頁数と行数」
「誤りと思われる記載」
「正しいとお考えになる記載とその根拠」
を明記してください。
なお、回答までに1週間前後を要する場合もございます。あらかじめご了承ください。

① ウェブページ「Cyber Book Store」内の「お問合せフォーム」より問合せをする

【お問合せフォームアドレス】

https://bookstore.tac-school.co.jp/inquiry/

② メールにより問合せをする

【メール宛先 TAC出版】

syuppan-h@tac-school.co.jp

※土日祝日はお問合せ対応をおこなっておりません。
※正誤のお問合せ対応は、該当書籍の改訂版刊行月末日までといたします。

乱丁・落丁による交換は、該当書籍の改訂版刊行月末日までといたします。なお、書籍の在庫状況等により、お受けできない場合もございます。
また、各種本試験の実施の延期、中止を理由とした本書の返品はお受けいたしません。返金もいたしかねますので、あらかじめご了承くださいますようお願い申し上げます。

(2022年7月現在)